世界知识丛书

主　编　晋保平　张宇燕

副主编　赵一红　应寅锋

# 国外的著名奖项

朱昊炜　黄晓蓉　编著



中国社会出版社

**图书在版编目（CIP）数据**

国外的著名奖项/朱昊炜，黄晓蓉编著．—北京：中国社会出版社，2006.9

（世界知识丛书/晋保平　张宇燕主编）

ISBN 978－7－5087－1209－3

Ⅰ.国…　Ⅱ.①朱…②黄…　Ⅲ.奖励制度—概况—国外

Ⅳ.C936

中国版本图书馆 CIP 数据核字（2006）第 100516 号

---

**丛 书 名**：世界知识丛书
**主　　编**：晋保平　张宇燕
**书　　名**：国外的著名奖项
**编 著 者**：朱昊炜　黄晓蓉
**责任编辑**：于红漫

---

**出版发行**：中国社会出版社　邮政编码：100032
**通联方法**：北京市西城区二龙路甲 33 号新龙大厦
电　话：（010）66051698　　电　传：（010）66051713
邮购部：（010）66060275
**经　　销**：各地新华书店

---

**印刷装订**：北京印刷一厂
**开　　本**：140mm×203mm　1/32
**印　　张**：6.375
**字　　数**：151 千字
**版　　次**：2006 年 9 月第 1 版
**印　　次**：2014 年 7 月第 6 次印刷
**定　　价**：11.00 元

# 前 言

古往今来，人们都很钦佩那些技压群雄的英雄们。这些胜利者接受来自大家由衷的爱戴和拥护。他们或者曾经在古希腊的奥林匹亚山脚下举行的运动会中大显身手，戴上了月桂枝编织成的桂冠；或者曾经在部落的唱吟大会上，连续几天几夜不眠不休，吟诵古代英雄史诗，最终被冠以诗人的尊称；他们或许曾经在中国古代的科举考试中金榜题名，成为人尽皆知的“天子门生”。

获得奖项的人们是愉悦的，他们需要狂歌曼舞，用美酒用歌声来表达自己的快乐。这或许正是西方人用酒杯（cup）这一单词来称呼奖杯的原因吧！

当著名的航海家哥伦布坚定地向西航行时，他并不知道此举将会导致一个新的时代的到来。当世界越来越向全球化方向发展的时候，一些曾经仅仅局限于某个时代、某个地域的著名奖项，再次从人们的记忆中鲜活起来，同时也不可避免地被打上了现代人的烙印；就像古老的奥林匹克运动会的命运那样，成为了五大洲共同的盛典。

现代世界上存在着各种各样的奖项，它们或者是综合性的，或者是专门就某一领域的；它们或者是全球性的，或者是仅仅局限在几个国家；它们或者是尽人皆知的，或者是默默无闻的。

世界的进步离不开这些奖项的推动。诺贝尔奖的创立者诺贝尔将自己的巨额遗产捐献出来，设立诺贝尔奖，此举大大促进了全世界人民为促进人类进步而贡献自己的力量。

世界的团结离不开这些奖项的维护。1936 年美国著名黑人运动员杰西·欧文斯在第11届奥林匹克运动会上用自己优异的表现获得4枚金牌，打破了猖獗一时、肆无忌惮的希特勒精心构筑的“雅利安神话”，赢得了全世界爱好和平的人民的称赞。

世界的精彩也同样离不开这些著名的奖项。古老的文学、绵长的诗歌、新兴的电影、绚丽的舞台，也正因这些奖项的存在，才有机会让世界各国的才子佳人得以崭露头角，世界文明得以延续乃至久远。

当不同肤色、不同语言、不同信仰的人们为了追求真、寻找善、领略美、感受爱而济济一堂的时候，我们才真正体会到这些著名的奖项对我们来说是多么的重要。

本书侧重于国外，力争向大家介绍一些世界著名的奖项。当然，奖项门类繁杂，在本书中不可能穷尽各种领域内的所有奖项。我们为大家挑选了其中一些有代表性的领域、有代表性的奖项，希望能为大家在茶余饭后带来一点快乐。

亲爱的朋友们，通过阅读本书，您将感受到一个全新的世界。我们希望能够帮助大家了解以下著名奖项：诺贝尔奖、艾美奖、奥斯卡金像奖……同时，我们也会为大家介绍那璨若群星的明星、伟人……

# 目 录

# 第一章 国外著名的综合奖项

## 第一节 诺贝尔奖

### 诺贝尔奖的设立

诺贝尔奖是世界上比较著名的大奖之一，它创立于1901年，是根据瑞典著名化学家、硝化甘油炸药发明人阿尔弗雷德·贝恩哈德·诺贝尔在1895年（诺贝尔逝世前一年）的遗嘱而创立的一个永久性国际大奖。根据这个遗嘱，诺贝尔要求以他的名义和部分遗产（920万美元）创立一个基金，以基金的利息作为奖金来源。现在，诺贝尔奖包括金质奖章、证书和奖金支票三个组成部分。瑞典政府于1900年6月批准设置诺贝尔基金会，并于1901年诺贝尔逝世5周年纪念日（12月10日）之际首次颁发了诺贝尔奖。此后，除因战时中断外，每年的这一天分别在瑞典首都斯德哥尔摩和挪威首都奥斯陆举行盛大的授奖仪式。

在最初，根据诺贝尔的遗嘱，其基金将每年所得利息分为5份，分配给所设立的物理学奖、化学奖、生理学或医学奖、文学奖及和平奖五个奖项，授予那些在这些领域内对人类做出较大贡献的人，并激励人们努力促进科学、文学等的发展。1968年，瑞典中央银行在该行建行300周年之际，出资增设了诺贝尔经济学奖（全称为“瑞典中央银行纪念阿尔弗雷德·贝恩哈德·诺贝尔经济科学奖金”，亦称“纪念诺贝尔经济学奖”），授予在经济科学研究领域做出重大贡献的人，并优先奖励那些早期做出贡献的人。从1969年开始，诺贝尔经济学奖与其他5项奖同时颁发。1990年，诺贝尔的重侄孙克劳斯·诺贝尔提出增设诺贝尔和平奖，授予在环境学科有杰出成就的人。这项被称为绿色诺贝尔奖的“联合国——地球是一体”奖在1991年6月5日世界环境日之际由“地球是一体”协会在联合国的赞助下首次颁发。至此，诺贝尔奖包括诺贝尔物理奖、诺贝尔化学奖、诺贝尔生理学或医学奖、诺贝尔文学奖、诺贝尔经济学奖和诺贝尔和平奖等七大奖项。

## 诺贝尔奖奖金、奖章和证书

诺贝尔的奖金数额视其基金会的收入而定，奖金的面值由于通货膨胀而逐年有所提高，最初约为3万多美元；20世纪60年代约为7.5万美元，80年代到了22万美元，90年代更是达到了100万美元左右。2001年每项诺贝尔奖奖金金额为1000万瑞典克朗（约合95万美元）。2005年每项诺贝尔奖奖金金额为1000万瑞典克朗（约合130万美元）。

诺贝尔金质奖章重约半磅，内含黄金23K；奖章直径约为6.5厘米，正面是诺贝尔的浮雕像，镌有他出生和亡故的年月日。不同奖项、奖章的背面饰物不同。每份获奖证书的设计也各具风采。

下面向大家介绍一下每项诺贝尔奖的奖章。

## 诺贝尔奖的推荐名单与评奖程序

所有诺贝尔奖的候选人资格不能毛遂自荐产生，而必须要经过有资格的提名人用书面推荐这一环节才可以获得。而有资格提名候选人的人士主要包括以下几类：

诺贝尔生理学或医学奖章：图案为一位医学天才为了给病女孩解渴，正在收集从岩石上涌出的水，她的膝上放着一本打开的书。

诺贝尔物理、化学奖章：刻绘有女神伊希斯从云中浮现，圣母握着象征财富和科学智慧的号角，轻轻拉开女神的面纱，露出她冷峻的面容，象征着人类文明的不断进步和发展。

诺贝尔经济学奖章的诺贝尔肖像与其他奖章形象不同，获奖者名字雕刻在奖章边上。

诺贝尔文学奖章图案为一个青年坐在一棵桂冠树下，入迷地听着、记录着缪斯女神的歌。

诺贝尔和平奖镌刻的诺贝尔肖像与其他奖章姿态不同，铭文是"为了人类的和平与情谊"。

①瑞典皇家科学院、瑞典卡罗琳医学院、瑞典文学院等的院士以及挪威诺贝尔委员会委员；②前诺贝尔奖获得者；③哥本哈根大学、瑞典皇家工学院、瑞典文学院、瑞典卡罗琳医学院等高等院校的该科终身教授和任职教授，斯德哥尔摩大学等享有终身职位的该科教师；④瑞典皇家科学院等评奖机构选定具有相当职称的人员；⑤瑞典皇家科学院等评奖机构特聘的科学家、教授、专家和知名人士。

各诺贝尔委员会在每年9月前发出征求提名推荐书，要求提名人在第二年的2月1日前送回推荐候选人名单及其成就说明、出版物、有关文件和推荐意见。各委员会开庭详细审议，在6月1日前编制档案，提出推荐名单；委托专家调查，审阅调查报告；认真讨论评比，严格筛选名单，最后连同有关材料送达各评奖机构。通常每年受到推荐的候选人有1000～2000人。此后在各评奖机构有关负责人的主持下，召集下属委员会委员与评奖机构的该科院士一起最少举行两次会议深入讨论、审核，从而正式确定最佳的候选人，并且报送全体成员参加的选举。接着，各评奖机构分别召开全体成员会议，由各委员会主席介绍被推荐评奖候选人的主要成就，公布各个领域推荐候选人和审查报告的结果。委员会全体成员由此可以充分了解有关候选人的各种情况，再由各评奖机构的院长或主要负责人分别主持举行全体成员秘密投票后，再经严格审议决定出最后的各项推荐评奖候选人中的1～3名；并由各评奖机构的秘书长分别采用书面和电报或电话通知的方式通知全部获奖者，随即分别通知有关的通讯社、新闻社、报社、杂志社、广播电台、电视台等，向全世界发出公告。

奖项一经评定，就不允许因有反对意见而予以推翻。同一获奖者可以多次获奖而不受限制。每年的诺贝尔物理学、化学、生理学或医学、文学以及经济学奖的颁奖仪式在斯德哥尔摩举行，而和平奖的颁奖仪式则在奥斯陆举行。

除诺贝尔和平奖可以授予机构外，其他各项诺贝尔奖一般只发给个人；而且诺贝尔奖的候选人只能在生前被提名，但正式评出的奖，却可在死后授予，如D·哈马舍尔德1961年的和平奖和E·A·卡尔弗尔特1931年的文学奖。

如果在一年中没有人能符合诺贝尔遗嘱中所要求的那些条件，或世界局势有碍于收集评选资料时（如第一次世界大战期间和第二次世界大战期间），奖项将被保留或停止颁奖。

## 诺贝尔奖的组织与评奖机构

1900年瑞典国王和议会宣布成立诺贝尔基金会、理事会和选举基金会主席。诺贝尔基金会主席掌管其基金投资、奖金颁发和行政事务；理事会主席和副主席由瑞典政府任命，主席均由著名科学家（往往也是诺贝尔奖得主）担任，其余7名理事皆由基金会内部选举产生。同时诺贝尔在遗嘱中还指定了四个评奖机构，其职权分别是：诺贝尔物理学、化学奖以及1968年增加的经济学奖，由瑞典皇家科学院评定；诺贝尔生理学或医学奖，由斯德哥尔摩卡罗琳医学外科学研究院评定；文学奖由瑞典文学院评定；和平奖由挪威议会所选出的5人委员会评定。此外，各项奖还分别设立了一个诺贝尔委员会，分别负责评奖中的具体工作。

## 诺贝尔奖的授奖仪式

从1901年起，每年的12月10日下午4时30分，科学、文学奖的授奖仪式在瑞典首都斯德哥尔摩音乐厅举行。出席仪式的有瑞典国王、王后、议长、首相、诺贝尔奖获得者、诺贝尔基金会主席、诺贝尔奖各项评委会代表、部分政府大臣以及著名科学家、作家、社会名流和各国驻瑞典使节等2000多人。颁奖仪式隆重而简朴。参加颁奖仪式的男士要穿燕尾服或民族服装，女士要穿严肃的晚礼服；仪式中所用的白花和黄花必须从圣莫雷空运来，这意味着对知识的尊重。

在授奖仪式上，诺贝尔基金会主席首先致辞。接着，诺贝尔奖各项评委会代表介绍获奖者的成就和贡献，诺贝尔奖获得者代表发表演讲。随后，瑞典国王分别向各位诺贝尔奖获得者颁发一份有题词的证书、一枚带有诺贝尔头像和铭文的金质奖章以及一张奖金支票，然后授奖仪式在瑞典国歌声中结束。

## 获奖者义务

诺贝尔奖获得者在领奖后的 6 个月内，都必须在斯德哥尔摩（科学、文学奖获得者）、奥斯陆（和平奖获得者）作一次关于自己获奖成果和工作贡献的学术演讲，通常称之为“诺贝尔奖得主的演讲”。

## 诺贝尔奖奖金的相关规定

诺贝尔奖的任何一笔奖金，一般来说只发给一个人或一个成果；在特殊情况下，也可最多在两种成果之间平分，或由两人或更多人（实际上从未多于三人）联合分享。诺贝尔奖奖金有时要保留到下一年度才颁发，但如果下一年仍未能颁发出奖金，则该奖金要求退回到诺贝尔基金会；而当出现奖金既不颁发也不保留的情况时，奖金也要被退回给基金会。如果在规定日期以前获奖者拒受或未能领取奖金，奖金也将被退回基金会。曾有过拒受奖金及政府禁止本国人领取诺贝尔奖的情况，然而获奖人仍被列入诺贝尔奖获得者名单中，同时将注明“拒受奖金”的字样。同时，过期不领者或已拒绝接受者在说明情况并提出申请后，还可领取诺贝尔金质奖章和奖状，但不能领取奖金，因为该奖金已退回基金会。

## 诺贝尔奖小资料

下面我们为大家介绍一些在诺贝尔奖评选历史上出现的一些比较有意思的记录和趣闻。

**两次获诺贝尔奖的人：**

由于种种原因，一个人能两次获得诺贝尔奖是比较难能可贵的。世界上就有这样几位难能可贵的“凤毛麟角”。

——波兰裔法国女物理学家、化学家居里夫人，因发现放射性物质和发现并提炼出镭和钋荣获 1903 年的诺贝尔物理学奖和 1911 年的诺贝尔化学奖。

——美国化学家鲍林因为将量子力学应用于化学领域并阐明了化学键的本质，并致力于核武器的国际控制及发起反对核实验运动，而荣获 1954 年的化学奖和 1962 年的和平奖。

——美国物理学家巴丁因发明世界上第一支晶体管和提出超导微观理论，荣获 1956 年和 1972 年的诺贝尔物理学奖。

——英国生物化学家桑格由于发现胰岛素分子结构和确定核酸的碱基排列顺序及结构，荣获 1958 年和 1980 年的诺贝尔化学奖。

**获诺贝尔奖的夫妇：**

获 1903 年诺贝尔物理学奖的法国科学家皮埃尔·居里和玛丽·居里夫妇。

获 1935 年诺贝尔化学奖的法国科学家约里奥·居里夫妇。

获 1947 年诺贝尔生理学或医学奖的科里夫妇。

**获诺贝尔奖的父子：**

共同荣获 1915 年诺贝尔物理学奖的布拉格父子。

分别荣获 1906 年和 1937 年诺贝尔物理学奖的汤姆逊父子。

分别荣获 1929 年和 1970 年诺贝尔生理学或医学奖的奥伊勒父子。

分别荣获 1922 年和 1975 年诺贝尔物理学奖的玻尔父子。

分别荣获 1924 年和 1981 年诺贝尔物理学奖的西格巴恩父子。

**获诺贝尔奖的华裔科学家：**

荣获 1957 年诺贝尔物理学奖的杨振宁、李政道。

荣获 1976 年诺贝尔物理学奖的丁肇中。

荣获 1986 年诺贝尔化学奖的李远哲。

荣获 1997 年诺贝尔物理学奖的朱棣文。

荣获 1998 年诺贝尔物理学奖的崔琦。

**诺贝尔科学奖的女性获得者：**

玛丽·居里：1903 年、1911 年分别获诺贝尔物理学奖、化学奖。

伊伦·约里奥·居里：1935 年获诺贝尔化学奖。

柯里：1947 年获诺贝尔生理学或医学奖。

梅耶：1963 年获诺贝尔物理学奖。

霍奇金：1964 年获诺贝尔化学奖。

雅洛：1977 年获诺贝尔生理学或医学奖。

麦克林托克：1983 年获诺贝尔生理学或医学奖。

莱维·蒙塔尔奇尼：1986 年获诺贝尔生理学或医学奖。

埃利昂：1988 年获诺贝尔生理学或医学奖。

努斯莱茵·芙尔哈德：1995 年获诺贝尔生理学或医学奖。

**望穿秋水、姗姗来迟的诺贝尔奖：**

由于对科学成果的严格要求，因此许多诺贝尔奖得主都是经过漫长的等待才迎来诺贝尔奖评奖机构发出的获奖通知，绝大多数的成果都是经过了长时间的检验后才有可能获得诺贝尔奖。只有一些在特殊情况下，做出特殊贡献的人才可能在短时间内获得诺贝尔奖。因此像两位华裔学者杨振宁、李政道这样在短时期内就获得诺贝尔奖的情况，可以用“奇迹”两字来形容。在历史的长河中，我们可以举出很多经过了漫长的等待后才颁发的诺贝尔奖。

国际著名物理学家盖尔曼 1969 年获得诺贝尔奖时，国际物理学界相继发表文章认为这是等了 6 年多的事情。类似盖尔曼这样的例子是不胜枚举，如伦琴在 1895 年就发现了 X 射线，但一直到 1901 年才得奖；贝克勒耳在 1896 年发现天然放射性，1903

年才得奖；1902 年，卢瑟福发现一系列放射性元素，1908 年才得奖；阿尔瓦雷斯于 1960 年发现基本粒子的共振现象，1968 年才得奖；薛定谔在 1926 年建立了量子力学，1933 年才得奖。

获奖之前有五六年的等待时间还算是比较短暂的，因为还有更多的人经过更长期等待才获奖。能斯托在 1912 年发现热力学第三定理，然而他在 1920 年之后才获奖得诺贝尔化学奖；玻尔在 1913 年提出了原子结构的量子轨道理论，1922 年才获得诺贝尔物理学奖；劳伦斯在 1931 年制造了第一台回旋加速器，1939 年才获奖；西博格在 1941 年证明钚的存在，到了 1951 年才得奖。

在诺贝尔奖的历史上，等待几十年后获奖的也不稀罕。南非科学家马克斯在获得诺贝尔奖之前经过了 20 余年的等待；科赫从发现结核病菌到获奖等了 23 年；诺贝尔物理学奖得主泡利从发表论文到获得诺贝尔奖，间隔了 21 年时间；发现宇宙射线的赫斯，等待了 25 年才获奖；贝斯久等待时间长达 29 年，才在 1967 年获得了物理学奖；“热力学第四定理”的发现者拉路斯早在 1931 年就发表了论文，但 37 年后才获得诺贝尔化学奖；佛里斯早在 1919 年就发现了蜜蜂跳圆圈舞，1925 年又发现了蜜蜂跳摇尾舞，但等待了半个多世纪，直到 1973 年才获得诺贝尔奖；劳斯在 1911 年就公布了肿瘤是由病毒引起的这一发现，但由于没有引起诺贝尔奖委员会的关注，一直没有获得诺贝尔奖，直到劳斯 85 岁时，才颁给他诺贝尔奖。此外，1946 年化学奖得主萨姆纳、1953 年化学奖得主赫尔曼、1970 年物理学奖得主阿尔芬等，都为此经历了超长的等待期。

**选错了获奖根据的诺贝尔奖：**

尽管诺贝尔奖科学奖在颁布前都是经过极其慎重考虑的，但是，我们亦可以发现在这项工作中的一些失误和各种各样的不足，而选错获奖根据则是其最常见和最普遍的问题。下面我们将向您介绍一下几个这样的例子。

爱因斯坦因发现光电效应而获奖

诺贝尔奖委员会因为爱因斯坦发现了光电效应而决定将 1921 年的诺贝尔物理学奖授予爱因斯坦。但许多科学家认为爱因斯坦最重要的贡献是相对论，也应该因为相对论而获奖，因此在某种程度上诺贝尔奖委员会选错了奖励项目。

科赫因治疗结核病而获奖

1905 年的诺贝尔生理学或医学奖授予了德国的科赫，诺贝尔奖委员会是考虑到科赫在治疗结核病等传染病上的贡献而授予他诺贝尔奖的，但事实上科赫的贡献不仅是治疗结核病等传染病，而更重要的还是确立了现代细菌学的方法。显然，他创立的确认病菌的方法、确定病因的原则都比结核病研究要重要得多。因此，授予科赫诺贝尔奖无疑是正确的，但是选择结核病研究作为获奖的理由是不恰当的。

斯维伯格因研究布朗运动而获奖

1926 年，诺贝尔奖委员会因斯维伯格在布朗运动研究方面的成就而授予他诺贝尔化学奖。但斯维伯格在颁奖仪式上的演讲却只字未提布朗运动研究。事实上，斯维伯格最大的贡献是发明了超速离心机。这个机械是现代分子生物学的关键设备，对分子生物学产生了重大影响。

费米因证明经中子轰击产生新的放射性元素而获奖

费米因为证明经中子轰击产生新的放射性元素而在 1938 年被授予诺贝尔奖，但是事实上，费米本人在颁奖演讲中却承认了自己工作中的不足。因此，把新元素研究和原子核反应研究一起当作费米获奖的理由也是不妥的。

**选错了授奖对象的诺贝尔奖：**

在历史上，诺贝尔奖委员会错误地将代表极高荣誉的诺贝尔奖颁给本不该获奖的对象的案例，也是时有发生的。

弗里茨·哈伯获得了1918年的诺贝尔化学奖。弗里茨·哈伯在第一次世界大战期间发明了毒气，不计其数的人在战争中死于毒气。就连哈伯本人在战后都感到罪孽深重，以至于怕被人认出来而故意蓄起了胡子，并到国外去避了一段时间的风头。由此看来，弗里茨·哈伯获得诺贝尔化学奖是有问题的。

1923年，诺贝尔生理学或医学奖授予了加拿大的巴丁和苏格兰的迈克劳德。但事实上在进行胰岛素实验时，迈克劳德不在现场。具有讽刺意味的是，巴丁的真正合作者贝斯却无缘诺贝尔奖。

1926年，丹麦的费比格被授予诺贝尔生理学或医学奖，获奖原因是诺贝尔奖委员会认为他发现了致癌寄生虫。这早已是公认的错误。

1949年生理学或医学奖的共同获奖人之一、葡萄牙人伊加斯·莫尼兹以开创脑叶切除手术而获奖。但有专家认为，伊加斯·莫尼兹在1936年出版的一本关于脑叶切除手术的小册子对手术效果的介绍有夸大其词之嫌。

1952年的诺贝尔生理学或医学奖只授予了瓦克斯曼，以表彰他发现链霉素，但这是违法的。因为早在两年前，美国法院就已做出判决，夏芝是瓦克斯曼的全面合作者，他们共同发现了链霉素。因此，夏芝也理应获得1952年的诺贝尔生理学或医学奖。

**几位无缘诺贝尔奖的著名科学家：**

早在诺贝尔奖首次颁奖之前32年，俄国科学家门捷列夫发现了元素的周期排列规律。从此以后，世界上所有科学课堂都讲授这个内容，门捷列夫的研究成果可谓是一个具有重大意义的科学发现。可是，门捷列夫却始终与诺贝尔奖无缘。他作为1905年诺贝尔奖的候选人，在1906年以一票之差与诺贝尔奖失缘。

1907 年，门捷列夫逝世，这也给诺贝尔奖留下无法弥补的遗憾。

厄万斯是现代内分泌学科的创始人，33 岁就成为加利福尼亚大学教授、美国科学院院士。厄万斯不但确定了老鼠的生长激素、发情周期，而且发现了抗不孕的药物维他命 E。他的成果举世公认，但他却始终没有获得诺贝尔奖。对于厄万斯，即使是诺贝尔奖委员会也承认："即使与其他人竞争，他失败了，但也是值得获诺贝尔奖的。"

阿维利在 1944 年证实 DNA 是遗传物质，这是 20 世纪生物科学的重大发现，现代生物学正是建立在这个基础之上。此后，建立 DNA 分子结构模型的科学家、阐述 DNA 生物合成机理的科学家、发明 DNA 复制技术的科学家等，纷纷获得了诺贝尔奖。但阿维利这位发现和确认 DNA 的科学家却始终没有被授予诺贝尔奖。当诺贝尔奖委员会认识到他的发现伟大之时，他已经去世了。

**20 世纪未获诺贝尔奖的五大科学发现：**

"相对论"：爱因斯坦在 1905 年提出相对论后，许多科学家一直提名他为诺贝尔物理学奖候选人。但当时身为诺贝尔奖评审团成员、1911 年诺贝尔医学奖得主加尔斯特兰德却认为，相对论应接受时间的考验，致使爱因斯坦连年落选。

"哈勃定律"：美国天文学家埃德温·哈勃在 20 世纪的 20～30 年代提出银河系只是宇宙"一名小小的成员"，认为在银河系之外存在大量星系；遥远的星系在其光谱中产生显著的"红移"现象，而且"红移"最快的星系是离我们最远的星系。这就是著名的"哈勃定律"。

由于当时的诺贝尔物理学奖评审团坚持天体物理学的发现不在评奖范围内的旧的评价规定，导致了哈勃与诺贝尔奖无缘。

"大陆漂移"理论：地球物理学家韦格纳在 1915 年提出地球

陆地漂移理论。当时他的理论被认为是荒诞不经的，后来经过许多科学家的努力，大陆漂移理论得到了完善，到 20 世纪 50 年代时大陆漂移理论已普遍为人们所接受。但韦格纳却于 1930 年在格陵兰进行科学探险考察时遇难，因此始终没有获得诺贝尔奖。

“意识与无意识”理论：著名的心理学家弗洛伊德在 1929 年提出了著名的“意识和无意识及其对行为影响的理论”。但由于诺贝尔在世的时代心理学还处于早期发展阶段，心理学理论也未被列入评奖范围，因此弗洛伊德并未因他的“意识与无意识”理论而获得诺贝尔奖。

据说弗洛伊德死前一直认为，10 年后诺贝尔奖评委会会打电话告知他获奖。

“岛屿生物地理学”：罗伯特·麦克阿瑟和爱德华·威尔逊在 20 世纪 50 年代和 60 年代运用数学研究并创造性进行实地考察后，提出物种是如何移居新领地的理论。今天的自然资源保护工作者通过运用这一理论就能计算出为保护濒临灭绝物种的生存需要多少栖息地；进化生态学家利用这一理论，对物种构成和物种的灭绝有了更为深入的了解。可见该理论具有十分重要的理论和实践意义。但罗伯特·麦克阿瑟和爱德华·威尔逊却并未因此而获奖。

**附录一：诺贝尔遗嘱全文**

我，签名人阿尔弗雷德·贝恩哈德·诺贝尔，经过郑重的考虑后特此宣布，下文是关于处理我死后所留下的财产的遗嘱：

在此我要求遗嘱执行人以如下方式处置我可以兑换的剩余财产：将上述财产兑换成现金，然后进行安全可靠的投资；以这份资金成立一个基金会，将基金所产生的利息每年奖给在前一年中为人类做出杰出贡献的人。将此利息划分为五等份，分配如下：

一份奖给在物理界有最重大的发现或发明的人；

一份奖给在化学上有最重大的发现或改进的人；

一份奖给在医学或生理学界有最重大的发现的人；

一份奖给在文学界创作出具有理想倾向的最佳作品的人；

最后一份奖给为促进民族团结友好、取消或裁减常备军队以及为和平会议的组织和宣传尽到最大努力或做出最大贡献的人。

物理奖和化学奖由斯德哥尔摩瑞典科学院颁发；医学或生理学奖由斯德哥尔摩卡罗琳医学院颁发；文学奖由斯德哥尔摩文学院颁发；和平奖由挪威议会选举产生的5人委员会颁发。

对于获奖候选人的国籍不予任何考虑，也就是说，不管他或她是不是斯堪的纳维亚人，谁最符合条件谁就应该获得奖金。我在此声明，这样授予奖金是我的迫切愿望……这是我唯一有效的遗嘱。在我死后，若发现以前任何有关财产处置的遗嘱，一概作废。

**附录二：近10年诺贝尔奖获奖情况**（包括诺贝尔物理学奖、化学奖、医学及生理学或医学奖、文学奖和经济学奖）

**1996年第96届诺贝尔奖：**

美国科学家D·M·李、奥谢罗夫、理查森因发现在低温状态下可以无摩擦流动的氦－3，而共同获得诺贝尔物理学奖。

美国科学家柯尔、斯莫利、英国科学家克罗托因因发现了碳元素的新形式——富勒氏球（也称布基球）C－60而获得诺贝尔化学奖。

澳大利亚科学家多尔蒂、瑞士科学家青克纳格尔因发现细胞的中介免疫保护特征，而共同获得诺贝尔生理学或医学奖。

波兰作家维斯瓦娃·希姆博尔斯卡寓严肃于幽默当中，以简单的语言传递深刻的思想，获得了诺贝尔文学奖。其代表作有

《桥上的人们》和《写履历表》。

美国科学家詹姆斯·莫里斯在信息经济学理论领域做出了重大贡献，尤其是不对称信息条件下的经济激励理论；威廉·维克瑞因在信息经济学、激励理论、博弈论等方面做出的重大贡献，而共同获得诺贝尔经济学奖。

**1997 年第 97 届诺贝尔奖：**

美籍华裔科学家朱棣文、美国科学家菲利普斯、法国科学家科昂·塔努吉因发明了用激光冷却和俘获原子的方法，而共同获得诺贝尔物理学奖。

美国科学家博耶、英国科学家沃克尔、丹麦科学家斯科因发现人体细胞内负责储藏转移能量的离子传输酶，而共同获得诺贝尔化学奖。

美国科学家普鲁西纳因发现了一种全新的蛋白致病因子——朊蛋白，并在其致病机理的研究方面做出了杰出贡献，而获得诺贝尔生理学或医学奖。

意大利喜剧演员达里奥·福获得了诺贝尔文学奖。达里奥·福著有 47 部喜剧，出版了 11 部喜剧作品集，导演过 80 部喜剧作品，还创作了 60 首歌。

美国科学家迈伦·斯科尔斯因给出了著名的布莱克一斯科尔斯期权定价公式；罗伯特·默顿因对布莱克一斯科尔斯公式所依赖的假设条件做了进一步减弱，并在许多方面对其做了推广，因而共同获得诺贝尔经济学奖。

**1998 年第 98 届诺贝尔奖：**

美国科学家劳克林、斯特默、美籍华裔科学家崔琦因发现了分数量子霍尔效应而共同获得诺贝尔物理学奖。

奥地利人 W·科恩提出密度函数理论、英国人 J·波普提出量子化学的方法而共同获得诺贝尔化学奖。

美国科学家R·罗伯特、L·伊格纳罗、F·墨拉德发现“一氧化氮”是心血管系统中传播信号的分子，共同获得诺贝尔生理学或医学奖。

葡萄牙的若泽·萨拉马戈获得了诺贝尔文学奖，其代表作是《里斯本围困史》和《盲目》两部小说。

阿马蒂亚·森因对福利经济学中的几个重大问题做出贡献，包括社会选择理论、对福利和贫穷标准的定义、对匮乏的研究等，而获得诺贝尔经济学奖。

**1999 年第 99 届诺贝尔奖：**

荷兰科学家霍夫特、韦尔特曼因阐明了物理中电镀弱交互作用的定量结构，而共同获得诺贝尔物理学奖。

美籍埃及科学家A·兹韦勒利用激光闪烁研究化学反应而获诺贝尔化学奖。

德国科学家G·布洛贝尔识别蛋白质在细胞内活动的信号方面取得研究成果，获得诺贝尔生理学或医学奖。

德国作家京特·格拉斯是20世纪德国最杰出的作家，其《铁皮鼓》被评论界认为是战后欧洲最佳小说，他因此获得了诺贝尔文学奖。

罗伯特·蒙代尔因对不同汇率体制下货币与财政政策，以及最适宜的货币流通区域所做的分析，而获得诺贝尔经济学奖。

**2000 年第 100 届诺贝尔奖：**

俄罗斯科学家阿尔费罗夫，美国科学家基尔比、克雷默因奠定了资讯技术的基础，而共同获得诺贝尔物理奖。

美国科学家黑格、麦克迪尔米德，日本科学家白川秀树，因发现能够导电的塑料，而共同获得诺贝尔化学奖。

瑞典科学家阿尔维德·卡尔松、美国科学家保罗·格林加德、奥地利科学家埃里克·坎德尔因在人类脑神经细胞间信号的相互传递方面获得的重大发现，而共同获得诺贝尔生理学或医学奖。

旅法华裔作家高行健以其小说《灵山》获得了诺贝尔文学奖。

詹姆斯·赫克曼和丹尼尔·麦克法登因发展了能广泛应用于个体和家庭行为实证分析的理论和方法，而共同获得诺贝尔经济学奖。

**2001 年第 101 届诺贝尔奖：**

德国科学家克特勒、美国科学家康奈尔、维曼因在碱性原子稀薄气体的玻色一爱因斯坦凝聚态，以及凝聚态物质性质早期基础性研究方面取得的成就，而共同获得诺贝尔物理学奖。

美国科学家威廉·诺尔斯、巴里·夏普莱斯，日本科学家野依良治，因在“手性催化氢化反应”领域取得的成就，而共同获得诺贝尔化学奖。

美国科学家利兰·哈特韦尔、英国科学家蒂莫西·亨特、保罗·纳斯因发现了细胞周期的关键分子调节机制，而共同获得诺贝尔生理学或医学奖。

英国移民作家维迪亚达尔·苏拉伊普拉萨德·奈保尔获得诺贝尔文学奖，瑞典文学院称“其著作将极具洞察力的叙述与不为世俗左右的探索融为一体，是驱策我们从扭曲的历史中探寻真实的动力”。其代表作有《米格尔街》、《河湾》、《岛上的旗帜》等。

美国人乔治·阿克尔洛夫、迈克尔·斯彭斯和约瑟夫·斯蒂格利茨由于在“对充满不对称信息市场进行分析”领域所做出的重要贡献，获得诺贝尔经济学奖。

**2002 年第 102 届诺贝尔奖：**

美国科学家里卡尔多·贾科尼、雷蒙德·戴维斯、日本科学家小柴昌俊因在探测宇宙中微子方面取得的成就，并导致中微子天文学的诞生，而共同获得诺贝尔物理学奖。

美国科学家约翰·芬恩、日本科学家田中耕一、瑞士科学家库尔特·维特里希因发明了对生物大分子进行确认和结构分析、质谱分析的方法，而共同获得诺贝尔化学奖。

英国科学家悉尼·布雷内、约翰·苏尔斯顿、美国科学家罗伯特·霍维茨因选择线虫作为新颖的实验生物模型，找到了对细胞每一个分裂和分化过程进行跟踪的细胞图谱，而共同获得诺贝尔生理学或医学奖。

匈牙利作家凯尔泰斯·伊姆雷以其对脆弱的个人在对抗强大的野蛮强权时痛苦经历的深刻刻画以及他独特的自传体文学风格而获得了诺贝尔文学奖。

美国及以色列双重国籍的经济学家丹尼尔·卡尼曼和美国经济学家弗农·史密斯由于在心理和实证经济学研究方面所做的开拓性工作，获得诺贝尔经济学奖。

**2003 年第 103 届诺贝尔奖：**

俄罗斯科学家阿列克谢·阿布里科索夫、维塔利·金茨堡、英国科学家安东尼·莱格特因在超导体和超流体理论上做出的开创性贡献，而共同获得诺贝尔物理学奖。

美国科学家彼得·阿格雷、罗德里克·麦金农因在细胞膜通道方面做出的开创性贡献，而共同获得诺贝尔化学奖。

美国科学家保罗·劳特布尔、英国科学家彼得·曼斯菲尔德因在核磁共振成像技术领域的突破性成就，而共同获得诺贝尔生理学或医学奖。

南非作家约翰·马克斯韦尔·库切以他对世界文学的杰出贡献而获得了诺贝尔文学奖。

美国经济学家罗伯特·恩格尔和英国经济学家克莱夫·格兰杰分别用“随着时间变化的易变性”和“共同趋势”两种新方法

分析经济时间数列，获得诺贝尔经济学奖。

**2004 年第 104 届诺贝尔奖：**

美国科学家戴维·格罗斯、戴维·波利策和弗兰克·维尔切克，发现了粒子物理的强相互作用理论中的“渐近自由”现象，从而共同获得诺贝尔物理学奖。

以色列科学家阿龙·西查诺瓦、阿弗拉姆·赫尔什科和美国科学家伊尔温·罗斯找到了人体细胞控制和调节某种人体蛋白质数量多少的方法，获得诺贝尔化学奖。

美国科学家理查德·阿克塞尔和琳达·巴克，在气味受体和嗅觉系统组织方式研究中做出了杰出贡献，共同获得诺贝尔生理学或医学奖。

奥地利女作家艾尔芙蕾德·耶利内克以“她小说和剧本中表现出的音乐动感，和她用超凡的语言显示了社会的荒谬以及它们使人屈服的奇异力量”而获得诺贝尔文学奖。

挪威籍的芬恩·基德兰德、美国教授爱德华·普雷斯科特，由于“经济政策的相容性和经济周期背后的驱动力”研究方面的杰出成就而获得诺贝尔经济学奖。

**2005 年第 105 届诺贝尔奖：**

美国科学家约翰·霍尔和德国科学家特奥多尔·亨施对基于激光的精密光谱学发展做出了贡献，美国科学家罗伊·格劳伯则“对光学相干的量子理论做出了贡献”，此三人共同获得了诺贝尔物理学奖。

法国人伊夫·肖万、美国科学家罗伯特·格拉布和理查德·施罗克，因在烯烃复分解反应研究方面的贡献而获得诺贝尔化学奖。

澳大利亚科学家罗宾·沃伦和巴里·马歇尔发现了导致胃炎和胃溃疡的细菌——幽门螺杆菌，共同获得诺贝尔生理学或医学奖。

英国剧作家哈罗德·品特获得诺贝尔文学奖。

以色列和美国双重国籍的罗伯特·奥曼、美国经济学家托马斯·谢林，通过博弈理论分析增加了世人对合作与冲突的理解，从而获得了诺贝尔经济学奖。

## 小故事：诺贝尔生平简介

阿尔弗雷德·贝恩哈德·诺贝尔，1833年10月21日出生于瑞典首都斯德哥尔摩，诺贝尔的祖父是一名军医，父亲伊曼努厄尔·诺贝尔是一个科学家、机械师和发明家，致力于炸药、水雷及其他爆破性化学的研究。在父亲的影响下，诺贝尔从小就热爱化学、物理学和机械工程学，并具有科学研究的精神和顽强勇敢的品质。

诺贝尔到了8岁才上学，而且只读了一年书，这也是他所受过的唯一的正规学校教育。1850年诺贝尔出国考察学习，在两年的时间里，他先后去过德国、法国、意大利和美国。诺贝尔善于观察、学习，所掌握的知识也迅速增加。在回国后，诺贝尔又在工厂里接受实践训练。在工厂里，他考察了许多生产流程，将所学的知识与实践很好地结合了起来，增添了许多的实用技术，熟悉了工厂的生产和管理。

在诺贝尔年轻时，与其父亲和兄弟合作，先后在瑞典和俄国从事硝化甘油和其他烈性炸药的实验和制造，并且在1866年成功制造出一种液体炸药——“诺贝尔炸油”，被全世界普遍使用。但这种炸药很容易引起爆炸，尤其是在长途运输过程之中，受到震动和摩擦，往往会自动引爆。由此，诺贝尔开始着手实验一种更加安全的炸药。在经过无数次的失败和无数次与死神擦肩而过的经历后，诺贝尔终于在1875年发明了威力强大的胶质炸药。

之后，诺贝尔在很多国家建造炸药厂，并申请专利，很快便成为拥有巨富的“炸药大王”。后来，诺贝尔移居巴黎，在实验室继续进行各种炸药的研究和实验。1887年，诺贝尔又发明了无烟炸药，这便是我们现在使用的炸药。

1896年12月10日，诺贝尔在他意大利的工厂里因心脏病突发去世。

诺贝尔（1833～1896）

诺贝尔把毕生精力都献给了科学事业，一生中的大部分时间是在实验室中度过的。诺贝尔一生的发明极多，获得的专利就有255种，其中仅炸药就有129种。诺贝尔的发明兴趣不限于炸药，还研究过合成橡胶、人造丝，做过改进唱片、电话、电池、电灯零部件等方面的实验，甚至还试图合成宝石。

诺贝尔拥有30亿瑞典币的财富，但他对金钱却看得不重，他认为：“金钱这东西，只要能够解决个人的生活就够用了，若是多了，它会成为遏制人才的祸害。有儿女的人，父母只要留给他们教育费用就行了，如果给予除教育费用以外的多余的财产，那就是错误的，那就是鼓励懒惰，那会使下一代不能发展个人的独立生活能力和聪明才干。”

# 第二节　其他国际著名综合奖项

## 沃尔夫奖

沃尔夫奖是世界上具有较高学术声望的多学科国际奖，其奖金来源是德国出生的犹太人发明家 R·沃尔夫（1887～1981 年）及其家族捐赠 1000 万美元、于 1976 年在以色列成立的沃尔夫基金会，奖金金额为沃尔夫基金的年息，每个奖的奖金为 10 万美元，可以由多个候选人分得；其宗旨是为了促进全世界科学、艺术的发展，可以颁发给不同国籍、种族、肤色、宗教、性别和政治取向的候选人。因为该奖项是以 R·沃尔夫的名字命名的，故世人一般称之为“沃尔夫奖”。1978 年沃尔夫奖首次颁奖，授奖学科为物理学、数学、化学、医学和农学；此后从 1981 年开始，又增设了艺术奖。每年由建筑、音乐、绘画及雕塑四方面轮流获奖。沃尔夫奖每年颁发一次。

沃尔夫奖

R·沃尔夫是沃尔夫基金会的倡导者和主要捐献人，他 1887 年出生于德国，其父亲是德国汉诺威城的一位五金商人，也是该城犹太社会的名流。R·沃尔夫曾在德国研究化学，并获得博士学位。第一次世界大战前，他移居古巴，此后他用了将近 20 年的时间，经过大量试验，历尽艰辛，终于成功地发明了一种从熔炼废渣中回收铁的方法，从而成为百万富翁。1961～1973 年他曾任古巴驻以色列大使，以后定居以色列，于 1981 年逝世。

沃尔夫基金会由董事会（由 5 名沃尔夫家族成员组成）和理事会（由以色列文化教育部长负责，若干名以色列学者和官员组成）领导，理事会主席由以色列政府官员担任，下设评奖委员会；评奖委员会由世界上著名的科学家组成，负责评奖事宜。评奖委员会由该学科领域 3～5 人组成，为了保证公平，逐年更换评奖委员会的成员；他们对奖项的决定是最终的决定，绝对不可驳回。每年的沃尔夫奖颁奖典礼会在以色列的耶路撒冷举行，由以色列的总统把大奖颁发给每位得奖者。

在沃尔夫奖的众多奖项中，沃尔夫数学奖恐怕是最引人注目的。由于在诺贝尔的奖项设置中并没有数学奖，而国际数学大奖菲尔兹奖也只授予 40 岁以下的年轻数学家，因此只有沃尔夫数学奖是在全世界范围以获奖者一生的成就来评定的，这使得沃尔夫数学奖在国际数学界具有极高的声誉和地位。因为沃尔夫数学奖具有终身成就的性质，因此该奖项的获得者往往都是在国际数学领域内颇有建树、蜚声数坛、闻名遐迩的数学大师，他们的成就在相当程度上代表了当代数学的水平和进展。由于该奖的评奖标准不是单项成就而是终身贡献，因此获奖的数学大师往往不仅在某个数学分支上有极深的造诣和卓越贡献，而且也都博学多能，涉足多个分支且均有建树，并形成了自己的著名学派。这些人也在一定程度上加重了这个奖项的级别。

值得一提的是，著名美籍华人陈省身教授曾荣获 1983～1984 年度的沃尔夫数学奖；美籍华人吴健雄教授荣获 1978 年首次颁发的沃尔夫物理学奖；中国工程院院士、“杂交水稻之父”袁隆平教授获得了 2004 年度沃尔夫农业奖。

## 马赛赛奖——“亚洲诺贝尔奖”

马赛赛奖具有“亚洲诺贝尔奖”之美誉，这是一个由菲律宾拉蒙马赛赛基金举办、并以菲律宾第三任总统马赛赛命名的奖项。

马赛赛奖设有政府服务奖、公共服务奖、新进领导奖、社会领导奖、和平及国际了解奖，和新闻、文学和创新通讯艺术奖等多个奖项。获奖者将获得一笔5万美元的奖金，同时也会被邀请到马尼拉的基金会总部参与一系列的公开演讲。

2000年，中国的梁从诫（梁启超的孙子）赢得了公共服务奖。

2001年的政府服务奖获得者为中国“杂交水稻之父”袁隆平；妇女运动领域的公共服务奖获得者为冰心的次女、北京市人大常委会副主任吴青。

袁隆平是中国著名的农业科学家，被誉为“杂交水稻之父”。他成功培育出了杂交水稻，20年来已经增产上千亿斤粮食，并在亚洲、非洲、美洲许多国家推广成功，被公认为是继墨西哥矮秆小麦培育成功之后又一项对解决世界粮食短缺有重大意义的科学创举。

吴青是中国已故著名作家冰心的次女，她注重农村妇女启蒙工作，是中国妇运领导人之一，创办农村妇女教育发展基金，同时也是国际妇女基金会董事。

## 欧金尼奥·巴尔赞奖金

欧金尼奥·巴尔赞奖金是意大利国内一项非常有影响力的综合学术性奖项，在欧金尼奥·巴尔赞的创建下于1961年设立。设立该奖的目的是为了促进全世界的人道主义与文化工作，奖项有文学奖、道德科学奖、艺术奖、物理学奖、数学奖、自然科学奖和医学奖，并设有仁慈、和平与友爱精神特别奖；每年颁发3项，每项10万美金。全世界任何国家、种族、宗教信仰的著名人士、学者和科学家都可以申请此奖。

## 意大利费尔特里内利奖金

意大利费尔特里内利奖金是根据 1942 年去世的安东尼奥·费尔特里内利的遗愿，由意大利科学院设立的。这一奖励包括一系列国际奖和国家奖，授予在科学或艺术上取得杰出成就的人士。国际奖不受国籍、居住地的限制，对全世界开放。费尔特里内利奖金于 1950 年首次颁奖，以后每年颁发一次数量不等的奖金，授奖学科包括伦理学和历史学、物理学、数学和自然科学、文学、艺术、医学。这些奖按学科顺序轮流颁发，有时还奖给具有高度伦理和人道主义价值的特殊成就的。费尔特里内利奖金不采取个人申请方式，而是由意大利科学院院士和意大利其他一些主要研究机构的主席联合提名。国际奖的推荐人除有意大利科学院院士及意大利主要研究机构的主席外，还有其他国家主要研究机构的主席。为保证评选的公正性，推荐者本人不能获奖。

# 第二章　国外著名的电影电视奖项

## 第一节　奥斯卡金像奖

在全世界那么多的电影奖项中，奥斯卡金像奖应该是比较著名的一个大奖了。每年全球都会有超过 2 亿人观看奥斯卡颁奖典礼的盛况，也会有无数的明星从世界各地赶到这里来参加这个盛会。

### 第一届奥斯卡金像奖颁奖典礼

奥斯卡金像奖的正式名称叫“电影艺术与科学学院奖”，每年由美国电影艺术与科学学院颁发，旨在鼓励优秀电影的创作与发展，是美国影视界最重要的奖项，被世界影视界所瞩目。奥斯卡金像奖起源于 1929 年，是在美国电影艺术与科学学院成立的宴会上由与会者提议发起的。第一届奥斯卡金像奖的颁奖典礼在好莱坞罗斯福饭店的“花房”举办了宴会，颁发了奖项。早在颁奖典礼举行两个月前获奖情况就已公布。第一届奥斯卡颁奖的项目只有最佳影片、最佳男演员、最佳女演员、最佳导演、最佳编剧、最佳摄影和最佳美术设计七项；另外还颁发了两项特别奖，即艺术

奥斯卡金像奖奖杯

品质奖及技术效果奖，但这两个奖项就颁发了一次，到第二届颁奖典礼时就取消了。1929 年的第一次奥斯卡颁奖典礼也是唯一一次没有转播的颁奖仪式，1930 年的颁奖典礼就由洛杉矶广播电台进行了一个小时的现场直播，之后的每届颁奖典礼都有媒体转播。

奥斯卡金像奖奖杯是由美国著名的雕塑家乔治·斯坦利设计的，其主体为一座高 13.5 英寸、重 3.9 千克的镀金男像。具体来说，金像奖的样子是一个裸体男子，双手交叉于胸前，握着一把长剑，站在一个五环片盘上，每一个环代表影艺学院的一项重要工作部门（制片、导演、编剧、演员、技术人员）。之所以称为金像奖是因为其外表是一层金色薄片，看上去金光闪闪，故有此名。奥斯卡金像奖奖杯的质地最初是锡、铜合金，外敷金箔；现已改用锡、铵合金，磨光后敷 10K 金箔，然后精磨，外面再敷 24K 金箔，最外层涂发光漆。奖杯早期的高度为 10.25 英寸，重约 6.75 磅（约等于 3.1 千克）；现为 13.5 英寸（约等于 34.3 厘米），重约 11 磅（约等于 5 千克）。金像奖图样的设计者是电影史中最杰出的美术设计者之一赛赘克·吉朋斯，他不仅设计了金像奖的图样，而且还多次获得金像奖，从第二届到第 29 届为止，他共获得了 39 次提名，其个人也独得了 11 次金像奖。从 1982 年开始，学院委托芝加哥的欧文斯五金厂为其制造金像。每座金像浇铸出来后要经过半个多小时细心打磨，再依次镀上铜、银和 24K 足金，最后在基座上打上独一无二的编码，颁奖前派专人护送到洛杉矶。

按照奥斯卡金像奖有关的评选规则，一项奖的获得者只能领取一个金像奖座，如果一项奖有两个人共获，则应分别授予他们每人一个金像奖座。

奥斯卡金像奖规定，凡上一年 1 月 1 日至 12 月 31 日上映的影片均可参加本年度的金像奖评选。金像奖的评选过程可以分成两个阶段，有两轮投票。其中第一轮是提名投票，先由学院下属各部门以记名方式进行提名，获得提名的影片将在学院本部轮流放映，观看后学院的所有会员再采用不记名的方式进行第二轮投票，以得票的多少来决定金像奖的归属。

除了第一届奥斯卡金像奖的获奖名单提前被告知外界外，接下来的评奖结果在颁奖典礼举行之前都是严格保密的。经学院会员投票后的选票将交给美国的普莱斯－沃特豪斯会计事务所加以统计，荷枪实弹的警卫人员日夜守护着放在保险箱内的选票。为保证得奖情况的保密性，所有统计后的用纸将全部被烧毁。各项获奖名单将分别装入密封的各个信封，直到颁奖典礼时由司仪当众拆封宣布。

## 奥斯卡金像奖设立的奖项

首届奥斯卡金像奖颁奖典礼只设立了7个奖项和2个特别奖，随着时间的推移，奥斯卡金像奖的规模越来越大，其设立的奖项也越来越繁杂。目前奥斯卡金像奖可分为成就奖、特别奖及科学技术奖三大类。成就奖主要包括最佳影片、最佳剧本、最佳导演、最佳表演（男女主、配角）、最佳摄影、最佳美工、最佳音乐、最佳音响、最佳视觉效果、最佳剪辑、最佳服装设计、最佳化妆、最佳短片、最佳纪录片、最佳外语片等；特别奖有荣誉奖、欧文·撒尔伯格纪念奖、琼·赫肖尔特人道主义奖、科技成果奖和特别成就奖。

下面我们对奥斯卡所设立的各个奖项做一简单的介绍：

**最佳影片奖**

最佳影片奖从第一届起至今一直未有变动，只是提名影片的数目有多有少。提名影片最多的一届是第7届，共有12部影片被提名。从第 17 届开始，每届最佳影片都从 5 部提名影片中评出。这个奖项也是奥斯卡众多奖项中最有影响力的一个。

**最佳剧本奖**

最佳剧本奖又分为创作剧本奖与改编剧本奖两项，它们的提名与最后投票选举均与最佳导演奖相同。

**最佳导演奖**

该奖由美国导演公会的全体会员提名，由电影艺术与科学学院的导演部门现任会员投票选举。

**最佳表演奖**

最佳表演奖又可以分为最佳男主角、女主角奖和最佳男配角、女配角奖 4 项。最佳表演奖最早只设男、女主角奖两项，从 1936 年第九届开始才增设男、女配角奖。最佳男、女主角奖获得者被称为“影帝”与“影后”。

**最佳摄影奖**

在 1938 年第 11 届奥斯卡之前就设了一项摄影奖；从 1939 年到 1956 年，分为黑白与彩色两项；到了 1957 年两者合并为一项摄影奖；1958 年又分为黑白和彩色两项。到 1967 年，由于黑白片的产量锐减，该奖项的分类逐渐被取消。自此，摄影奖只设一项。

**最佳美工奖**

该奖全称为最佳艺术指导—布景装置奖，是对影片的布景、道具等设计而颁发的奖项。最佳美工奖一度有黑白、彩色两项，从 1967 年起两奖合并成一项。

**最佳音乐奖**

最佳音乐奖又分为最佳作曲、最佳配乐、最佳歌曲等 3 项。其中最佳歌曲奖设立于 1934 年，授予的对象是为大型故事片创作的一首主题歌，包括词与配曲。

**最佳音响奖**

最佳音响奖的前身是录音奖，从第30届奥斯卡颁奖典礼开始颁发。

**最佳视觉效果奖**

最佳视觉效果奖起始于1939年，从1963年起分为视觉效果奖和音响效果奖，到1968年音响效果奖被废除，只剩下视觉效果奖一项。该奖主要颁发给利用机械、电子技术、光学处理与动画等制造视觉效果上有突出成绩者。

**最佳剪辑奖**

该奖项从1934年设立以来一直没有变动。其评选方法与摄影奖相同。从第52届起，又出现了最佳音响剪辑奖和最佳音响效果剪辑奖。

**最佳服装设计奖**

服装设计奖设立于1948年，中间曾分为黑白与彩色两项，后又合并为服装设计奖一项。该奖项由具有艺术指导部门会员资格的服装设计师进行预选、提名与最后投票。

**最佳化妆奖**

该奖项起始于第54届奥斯卡颁奖典礼。

**最佳短片奖**

该奖项授予的是指长度不到3千英尺的35毫米影片，又分为动画短片和真人真事短片两项。

**最佳纪录片奖**

该奖项分为长纪录片奖和短纪录片奖两项。长纪录片奖授予那些长度超过3千英尺的35毫米、16毫米或70毫米纪录片；短纪录片奖授予长度不到3千英尺的35毫米、16毫米或70毫米纪录片。获奖纪录片的题材须是真人真事，而且要反映文化、艺术、历史、社会、科学、经济或其他领域内的重大题材。

**最佳外语片奖**

该奖项授予非英语国家制作的大型有声故事片，英语国家的影片均不许参加该项评选，每个非英语国家只能提名一部影片，每届共提名 5 部影片，被提名者可派一名代表参加颁奖仪式。

**荣誉奖**

在第一届奥斯卡奖中就有荣誉奖，其前身是特别奖，在 1950 年改名为荣誉奖，主要授予在电影制作方面有杰出贡献或长期为电影艺术与科学学院开展活动的个体或团体。

**欧文·撒尔伯格纪念奖**

欧文·撒尔伯格纪念奖是以好莱坞著名制片人欧文·撒尔伯格的名字命名的，该奖项设立于 1937 年，之后一直没有变动。该奖主要授予“一贯从事电影制作并发挥高度才能”的制片人。每届只有一名获奖人，获奖者必须完全符合条件，曾有几届因没有合适人选而空缺。

**琼·赫肖尔特人道主义奖**

琼·赫肖尔特人道主义奖是为纪念学院创始人之一、第 11 届院长的琼·赫肖尔特而设立的。该奖项创立于 1956 年，之后没有变动。琼·赫肖尔特人道主义奖主要授予“为给电影事业带来信誉而做出人道主义努力的电影事业人士”，规定每届只有一名获奖者，而且只有完全够条件者才能评上，曾有几届因为没有合适的人选而空缺。

**科技成果奖**

科技成果奖在第四届奥斯卡创立，授予对电影艺术与电影科技有特别价值，并在电影产业中采用先进的工艺、公式、发明与发现的影片。该奖项又可分为一、二、三等奖。

**特别成就奖**

该奖项设立于 1972 年，是为表彰科幻片、灾难片、动作片等在视觉效果和音响方面的革新成就而特设的。早期仅有视觉效果成就奖一项，后又增设音响成就奖。每届奥斯卡不一定都评出视觉和音响成就奖，而且每一分项的获得者也可能有多名。

另外还有几个奖项是不颁发“小金人”的，这几个奖项是艾文陶柏奖、金赫休特人员精神奖、科学技术奖。其中艾文陶柏奖是为了纪念 1973 年英年早逝的米高梅公司大制片家艾文陶柏而设立的特别奖，其奖座是以艾文陶柏的头部雕像为外形，主要是颁给功绩卓越的制片或导演，尤其是杰出成就早已受到肯定、却始终与“小金人”无缘的电影人，表示着美国电影艺术与科学学院对该奖获得者深深的歉意。对于这些特别奖，将专门成立授奖委员会决定得奖人选。

## 奥斯卡颁奖典礼的延期

在奥斯卡的历史上，总共有三次因故推迟了奥斯卡颁奖典礼：第一次推迟是在 1938 年，因洛杉矶暴雨引发水患，奥斯卡颁奖典礼被推迟一周；第二次是在 1968 年，为向被暗杀的黑人民权领袖马丁·路德·金致敬而将颁奖典礼推迟两天；第三次是在 1981 年，因里根遭受枪击而推迟了 24 小时。

## 奥斯卡之最

### 获奥斯卡奖奖项最多的影片

荣获 11 项奖的有：《宾虚》（1959 年）、《泰坦尼克号》（1997 年）、《指环王：王者归来》（2003 年）。

获 10 项奖的有：《西区故事》（1961 年）。

获 9 项奖的有：《琪琪》（1958 年）、《末代皇帝》（1987 年）、《英国病人》（1996 年）。

获 8 项奖的有：《乱世佳人》（1939 年）、《永垂不朽》（1953

年)、《码头风云》(1954 年)、《窈窕淑女》(1964 年)、《小酒馆》(1972 年)、《甘地传》(1982 年)、《莫扎特》(1984 年)。

**获奥斯卡奖提名项目最多的影片**

《彗星美人》(1950 年),获 14 项提名。

《泰坦尼克号》(1997 年),获 14 项提名。

《乱世佳人》(1939 年),获 13 项提名。

《永垂不朽》(1953 年),获 13 项提名。

《玛丽·波平斯》(1964 年),获 13 项提名。

《谁害怕维吉尼亚·伍尔夫》(1966 年),获 13 项提名。

**获奥斯卡奖最多的演员**

凯瑟琳·赫本,于 1934、1967、1968 和 1981 年 4 次获最佳女主角奖。

**获奥斯卡奖提名最多的女演员**

凯瑟琳·赫本,获 12 次提名。

梅丽尔·斯特里普,获 12 次提名。

贝蒂·戴维斯,获 10 次提名。

**获奥斯卡奖提名最多的男演员**

杰克·尼科尔森,获 11 次提名。

劳伦斯·奥利弗,获 10 次提名;他还曾作为导演被提名,并于 1946 年和 1978 年两次获奥斯卡荣誉奖。

斯宾塞·屈塞,获 9 次提名。

保罗·纽曼,获 9 次提名,同时纽曼还获得过荣誉奖和人道主义奖。

**获奥斯卡奖最多的个人**

男性:沃尔特·迪斯尼,共 26 次获奖,包括 12 个卡通奖,以及长、短纪录片和荣誉奖等多个奖项。

女性:伊迪斯·黑德,先后 8 次获得最佳服装设计奖。

**获奥斯卡最佳导演奖最多者**

约翰·福特，获奖4次。

弗兰克·卡普拉，获奖3次。

**获奥斯卡奖提名最多的导演**

威廉·惠勒，获12次提名。

比利·怀尔德，获8次提名。

**连续两年获得奥斯卡奖的演员**

露易丝·雷恩纳，分别在1936年和1937年获奖。

斯宾塞·屈塞，分别在1937年和1938年获奖。

凯瑟琳·赫本，分别在1967年和1968年获奖。

杰森·罗巴斯，分别在1976年和1977年获奖。

汤姆·汉克斯，分别在1993年和1994年获奖。

**获提名的项目最多却未获任何奥斯卡奖的影片**

《转折点》，在1977年获11项提名却无一获奖。

《紫色》，在1985年获11项提名却无一获奖。

**唯一的一部根据电视广播剧拍摄的影片获奥斯卡最佳影片奖**

《马蒂》，在1955年获奖。

**赢得奥斯卡最佳影片奖的第一部彩色影片**

《乱世佳人》，在1939年获奖。

**赢得奥斯卡最佳影片奖的最后一部黑白影片**

《桃色公寓》，在1960年获奖。

**赢得奥斯卡最佳影片奖的唯一的一部续集影片**

《教父》第二集，在1974年获奖。

**赢得奥斯卡奖的第一部非好莱坞影片**

《亨利八世的私生活》(1932/33年)。

**赢得奥斯卡最佳影片奖的第一部非好莱坞影片**

《王子复仇记》，在1948年获奖，由英国投资并在英国摄制。

**第一位用非英语表演赢得奥斯卡奖的演员**

索非亚·罗兰凭其意大利影片《两妇人》中的表演获得1961年奥斯卡最佳女主角奖。

**首次从影作品即获“最佳女主角”者**

莎莉布丝，凭借影片《兰闺春怨》。

芭芭拉·史翠珊，凭借影片《妙女郎》。

玛琳·马丁，凭借影片《悲怜上帝的女儿》。

**获得奥斯卡最佳影片奖却未获得男女主、配角奖项的提名**

《铁翼雄风》（1927/28年）。

《百老汇的旋律》（1928/29年）。

《西线无战事》（1929/30年）。

《大饭店》（1931/32年）。

《一个美国人在巴黎》（1951年）。

《戏王之王》（1952年）。

《八十天环游地球》（1956年）。

《琪琪》（1958年）。

《末代皇帝》（1987年）。

**全部角色获奥斯卡奖提名的影片**

《侦探》（1972年）中迈克尔·凯恩和劳伦斯·奥利弗都获得最佳男主角提名。

**同时赢得奥斯卡最佳影片、最佳导演、最佳男主角和最佳摄影奖的影片**

《一夜风流》（1934年）。

《飞越疯人院》（1975年）。

《沉默的羔羊》（1991年）。

**同时赢得三个奥斯卡表演奖的影片**

《欲望号街车》（1951年），费雯·丽获得最佳女主角奖，金·亨特获最佳女配角奖，卡尔·马尔登获最佳男配角奖。

《电视台风云》（1976 年），费·唐纳薇获最佳女主角奖，彼得·芬奇获最佳男主角奖，比阿特丽斯·斯特雷特获最佳女配角奖。

**同时赢得奥斯卡最佳男主角和最佳女主角奖的影片**

《一夜风流》（1934 年）、《飞越疯人院》（1975 年）、《电视台风云》（1976 年）、《归家》（1978 年）、《金色池塘》（1981 年）、《沉默的羔羊》（1991 年）、《尽善尽美》（1997 年）。

**不同的两部影片中演员扮演同一角色两次都获得奥斯卡奖提名者**

平·克罗斯比在《与我同行》（1944 年）和《圣玛丽教堂的钟声》（1945 年）中扮演奥莫雷神父。

保罗·纽曼在《骗子手》（1961 年）和《金钱本色》（1986 年）中扮演“快手”艾迪·费尔森。

阿尔·帕西诺在《教父》（1972 年）和《教父第二集》（1974 年）中扮演迈克尔·科利昂。

**第一位在身后才获得奥斯卡奖者**

西德尼·霍华德因《乱世佳人》而在 1939 年获得最佳编剧奖时他已去世。

**演员中第一位在身后才获得奥斯卡奖者**

彼得·芬奇因《电视台风云》而在 1976 年获得奥斯卡最佳男主角奖，他于奥斯卡奖提名公布前一个月逝世。

**首位中国电影艺术家奥斯卡得主**

黄宗霑是第一位被载入奥斯卡史册上的中国电影艺术家，以《玫瑰纹身》赢得了第 28 届奥斯卡奖的“最佳摄影”奖。

**小资料："奥斯卡金像奖"名称由来的趣闻**

奥斯卡金像奖是"电影艺术与科学学院奖"的别称。关于"奥斯卡"这个名称的来由有很多种说法，但被普遍接受的一种说法是在1931年电影艺术与科学学院图书馆的女管理员玛格丽特·赫里奇在仔细端详了金像奖座之后，惊呼道："啊！他看上去真像我的叔叔奥斯卡！"隔壁的新闻记者听后写道："艺术与科学院的工作人员深情地称呼他们的金塑像为奥斯卡。"学院奖从此便有了奥斯卡金像奖这个别称。

## 第二节 金球奖

金球奖是美国的一个电影与电视奖项，以正统聚餐的方式举行，由好莱坞外国记者协会举办。此奖创立于1944年，之后每年举办一次。在很多人眼里，金球奖是美国影视界中仅次于电影界的奥斯卡奖和电视界的艾美奖的第三大奖，到1999年金球奖颁奖典礼的收视人数已经达到了5000万。

作为美国影视界最重要的奖项之一，金球奖的宗旨是为了奖励优秀的电影和电视作品以及相关人物。

在1956年之前，金球奖只颁发电影奖项，后来新加入了电视奖项。

金球奖共设有24个奖项，与奥斯卡奖相比，金球奖的电影类奖项分得更为细致。另外，与奥斯卡奖和艾美奖的不同之处在于金球奖没有专业投票团，因此也不颁发技术方面的奖项。

金球奖的各个奖项均由96位记者（大多数是兼职）投票产生。这些金球奖的“评委”大多居住在加利福尼亚州的好莱坞，与美国国外的媒体打交道。金球奖是一年里美国电影奖项中最早颁奖的一个，其被提名者名单通常是在圣诞节前公布，颁奖晚会则选在大约一个月后的1月中旬的某个周末举行。直到2003年之前，金球奖的颁奖晚宴都在美国电影艺术与科学学院为奥斯卡奖投票日的几天前举办。金球奖颁奖晚会的举办地点曾多次变动，不过近几年似乎已经固定在贝弗利山的希尔顿饭店。

作为每年美国国内第一个被颁发的重要电影电视奖项，金球奖被许多人看作是奥斯卡奖的前奏，被誉为是奥斯卡风向标。这一点可以从近十几年来两者结果的对比中看出一些线索来。因此媒介往往拿金球奖的获奖情况来预测奥斯卡金像奖的最终得奖情况。

和奥斯卡颁奖典礼中的紧张气氛相比，金球奖颁奖典礼的气氛更为轻松。因此很多好莱坞的大牌明星争相在金球奖颁奖晚会上露面，既是为了自我展示，也是为了享受一下金球奖晚会较之奥斯卡奖晚会更为轻松与亲切的气氛。难怪《娱乐周刊》曾评论说，奥斯卡奖的颁奖晚会是好莱坞诸位神仙的盛典，而金球奖则更像是一次家庭聚会。

## 金球奖所设立的奖项：

**电影奖项**

最佳剧情类电影

最佳喜剧/音乐类电影

最佳导演

最佳男主角：分为剧情类与喜剧/音乐类两类

最佳女主角：分为剧情类与喜剧/音乐类两类

最佳男配角
最佳女配角
最佳剧本
最佳原创音乐
最佳原创歌曲
最佳外语片
Cecil B. DeMille 终身成就奖

**电视奖项**

最佳剧情类剧集
最佳喜剧/音乐类剧集
最佳男主角：分为剧情类与喜剧/音乐类两类
最佳女主角：分为剧情类与喜剧/音乐类两类
最佳连续短剧/电视电影
最佳男主角：分为连续短剧/电视电影两类
最佳女主角：分为连续短剧/电视电影两类
最佳男配角：分为电视剧/连续短剧/电视电影三类
最佳女配角：分为电视剧/连续短剧/电视电影三类

## 第三节　艾美奖

艾美奖是美国甚至全球电视界的重要著名奖项，由美国电视艺术与科学学院在 1948 年创立，每年授予优秀的电视节目及为新技术开发做出杰出贡献的企业、团体和个人。一些人认为艾美奖是"世界广播电视业界的奥斯卡金像奖"。艾美奖与格莱美音乐奖、奥斯卡奖、东尼奖（戏剧类奖项）并称为美国艺术四大奖项。

第一届艾美奖于 1949 年 1 月 25 日在好莱坞运动俱乐部颁发。艾美奖最初的名字是"Immy"（伊米奖），"Immy"是早期摄像机的重要部件——图像正析像管的意思。刘易斯·迈克马努斯以自己的妻子为模特设计了艾美奖奖座。1948年，在第一届艾美奖颁奖之前，艾美奖委员会考虑到其奖座具有女性色彩，决定将奖项的名称改为“Emmy”（艾美奖）。此名称一直沿用到今天。

“艾美奖”是由两个奖项构成的，我们经常所说的“艾美奖”是指黄金时段节目艾美奖，它由总部位于洛杉矶的电视艺术与科学学院颁发；另外还有一个日间节目艾美奖，该奖由总部位于纽约的国家电视艺术与科学学院颁发。艾美奖包含普通奖项和技术奖项。“国际艾美奖”是“艾美奖”的另一个重要组成部分，参选对象是在美国国外制作的时间不少于30分钟的电视节目，分为电视剧、纪录片、艺术纪录片、流行艺术、艺术演出、儿童和青少年节目六大类。“国际艾美奖”由国际电视艺术与科学学院颁发。

## 艾美奖的奖项设置（分为黄金时间奖项和创意艺术奖）

**黄金时间奖项：**

**节目类奖项：**最佳喜剧类电视系列剧；最佳剧情类电视系列剧；最佳连续短剧（迷你短剧）；最佳电视电影；最佳综艺/音乐/喜剧节目；最佳真人/竞技节目。

艾美奖奖杯

**演员类奖项：**最佳男主角、最佳女主角、最佳男配角、最佳女配角（其中每项又包含喜剧类、剧情类、连续短剧/电视电影等几类）；综艺/音乐节目最佳个人表演奖。

**其他：**最佳导演（包含最佳喜剧类导演、最佳剧情类导演、最佳综艺/音乐/喜剧节目导演、最佳连续短剧/电视电影/剧情类特别节目导演）；最佳编剧（包含最佳喜剧类编剧、最佳剧情类编剧、最佳综艺/音乐/喜剧节目编剧和最佳连续短剧/电视电影/剧情类特别节目编剧）；鲍勃·霍普人道主义奖。

**创意艺术奖：**

最佳动画（包含长度一小时以下和长度一小时兼以上两项）；最佳艺术指导（包含多摄像机剧集艺术指导、单摄像机剧集艺术指导、连续短剧/电视电影/特别节目艺术指导和综艺/音乐节目艺术指导）；最佳选角（包含喜剧类剧集选角、剧情类剧集选角和连续短剧/电视电影/特别节目选角）；最佳编舞；最佳摄影（包含多摄像机剧集摄影、单摄像机剧集摄影、连续短剧/电视电影摄影和写实节目摄影）；最佳广告；最佳服装（包含连续剧最佳服装和连续短剧/电视电影/特别节目最佳服装）；最佳写实节目导演；最佳图像剪辑（包含剧情类剧集单摄像机图像剪辑、喜剧类剧集单摄像机图像剪辑、连续短剧/电视电影/特别节目单摄像机图像剪辑、电视剧集多摄像机图像剪辑、连续短剧/电视电影/特别节目多摄像机图像剪辑和写实节目图像剪辑）；最佳发型（包含连续剧发型和连续短剧/电视电影/特别节目发型）；最佳灯光指导；最佳标题设计；最佳化妆包含连续剧化妆（非整形/假肢）、连续短剧/电视电影/特别节目化妆（非整形/假肢）和连续短剧/电视电影/特别节目化妆（整形/假肢）；最佳音乐（包含连续剧编曲、连续短剧/电视电影/特别节目编曲、音乐指导、最佳歌曲与歌词和最佳主题曲）；客串演员（包含喜剧类剧集最佳男客串演员、剧情类剧集最佳男客串演员、喜剧类剧集最佳女客串演员和剧情类剧集最佳女客串演员）；最佳特别节目；最佳儿童节目；最佳写实类（包含最佳写实类特别节目和最佳写实类连续剧）；真人节目（包含最佳真人节目和最佳真人—竞赛节目）；最佳音效剪辑（包含连续剧音效剪辑、连续短剧/电视电影/特别节目音效剪辑和写实节目音效剪辑）；最佳混音（包含连续剧单摄像机混音、连续短剧/电视电影单摄像机混音、连续剧/特别节目多摄像机混音、综艺/音乐/特别节目混音和写实节目混音）；最佳视觉效果（包含连续剧特殊视觉效果和连续短剧/电视电影/特别节目特殊视觉效果）；最佳特技协调；最佳技术指导（包含连续剧技术指导、摄影、视频和连续短剧/电视电影/特别节目技术指导、摄影、视频）；最佳综艺/音乐/喜剧特别节目和最佳写实节目编剧等。

## 第四节　金棕榈奖及戛纳电影节的其他大奖

金棕榈奖是戛纳电影节的最高奖项，相当于奥斯卡最佳影片奖。因其奖杯为黄金的棕榈枝（代表了遍植棕榈树的法国南部滨海城市戛纳），故称为“金棕榈奖”。除此之外，还有一座“最佳短片”的金棕榈奖杯，即最佳短片奖，但人们平常所说的“金棕榈奖”仅指“最佳长片”的这一尊。

金棕榈奖在1957年之前称为“金鸭奖”，从1957年起开始改为“金棕榈奖”。该名一直沿用至今，分别授予最佳故事片、纪录片、科教片、美术片等。

在戛纳电影节的历史上很少有人能两次获得金棕榈奖。我国导演陈凯歌拍摄的《霸王别姬》曾荣获金棕榈奖。

除了金棕榈奖外，戛纳电影节还设有其他诸多奖项，下面做一简单介绍：

## 评委会大奖（评审团大奖）

这是戛纳电影节仅次于金棕榈奖的第二大奖。与获得金棕榈奖的影片相比，评委会大奖往往具有一定的社会意义或话题性。获得评委会大奖的影片多因其独特的风格取胜，因每一届评委的口味不同而迥异。

我国导演张艺谋拍摄的影片《活着》曾获得该奖项。

## 最佳导演、男主角、女主角、编剧奖

戛纳电影节与奥斯卡奖的最大不同在于戛纳的编剧奖只有一个最佳编剧奖，而没有“最佳原创剧本”与“最佳改编剧本”之分。

我国的导演王家卫、杨德昌曾分别凭借影片《春光乍泄》（1997年）、《一一》（2000年）而获得最佳导演奖；张曼玉凭借在影片《清洁》（2004年）中的精彩演出而获得最佳女主角称号；葛优、梁朝伟分别凭借影片《活着》（1994年）、《花样年华》（2000年）而成为影帝。

## 评委会奖（评委会特别奖）

评委会奖属于非常设奖项，相当于优秀影片奖或者传媒推荐奖，与上述6个大奖不同，属于非常设奖项。颁奖原因多为评委会内部有二三位评委对某部颇有特色的影片极富好感，从而争取到的特殊表彰。获奖影片不一定是最好的，但在评委内部人气一定特别旺。

我国的影片《戏梦人生》（1993 年）、《青红》（2005 年）等荣获过该奖项。

## 金摄像机奖、艺术贡献奖、技术贡献奖

地位相当于最佳摄像奖、最佳美术指导/服装设计奖、最佳化妆/特效奖。

我国导演陈凯歌的《荆轲刺秦王》曾获艺术贡献奖（美术指导霍廷霄、美术设计屠居华）；张艺谋导演的《摇啊摇，摇到外婆桥》则捧回过金摄像机奖（摄影吕乐）。

**国际影评人联盟奖**

该奖项是由《好莱坞观察者》、《名利场》等权威娱乐媒体组成的评论性奖项，属于戛纳电影节之外的影评人奖，性质类似奥斯卡之前的金球奖、广播影评人协会奖等风向标。

### 小资料：戛纳电影节介绍

戛纳电影节，又称为康城电影节或坎城电影节，与意大利的威尼斯电影节、加拿大的蒙特利尔电影节、德国的柏林电影节以及捷克的卡罗维发利电影节一起，同为国际电影联合会确定的国际五大电影节。

为鼓励各国间的文化交流与合作、评价世界各地的优秀影片，法国政府于 1946 年举办了第一届戛纳电影节，之后的电影节改由法国工业部和商业部共同组织。除了在 1948 年、1949 年、1968 年等因故停办外，每年都将举办戛纳电影节。

# 第五节 英国电影和电视艺术学院奖

英国电影和电视艺术学院奖，简称电影学院奖，相当于英国的“奥斯卡奖”，是英国电影业的最高奖项。不少专业人士甚至认为英国电影学院奖是奥斯卡金像奖的前奏。

该奖项由英国电影学院在1948年开始颁发，每年一届，都选择在2月25日颁奖。英国电影学院于1947年创建，在1959年又与电影制片人和导演公会合并为电影和电视学会，在1975年改名为英国电影和电视艺术学院。

英国电影和电视艺术学院奖

首届颁奖典礼只设立了最佳影片、最佳英国片、最佳纪录片奖三个奖项，第二届增设了最佳专题片奖，第三届又新增加了联合国奖，到了第六届颁奖仪式又增设最佳英国女演员、最佳英国男演员、最佳外国女演员、最佳外国男演员、最有前途的新人5项奖项；最佳动画片、最佳电影剧作（英国）两项奖在第八届颁奖典礼上增设，第13届增设了最佳短片奖，第17届新增加最佳英国片摄影奖，第18届增设了最佳英国片艺术指导、最佳英国片服装设计两项奖，第20届增设了最佳英国片剪辑奖，第22届增设最佳导演、最佳男演员、最佳女配角、最佳男配角等奖项。值得注意的是，在1967年前，该大奖的电影和电视是分开进行授奖的，但从1968年起，电影和电视开始同时颁奖。应该说，现在英国电影学院奖的设置在某种意义上已与奥斯卡奖、金球奖等趋同了。

颁发英国电影学院奖的初衷是为了表彰优秀的英国电影及由英国籍演员演出的优秀外国影片，但随着国际电影界交流的加强，英国电影学院奖已逐步面向世界各国，其各类奖项也不仅仅局限于英国一个国家之内了，所有在英国正式上映的影片都有可能获得提名。这样的改变也使英国电影学院奖获得了更大的影响。

中国与英国电影学院奖颇有渊源，我国影片《卧虎藏龙》、《霸王别姬》、《大红灯笼高高挂》等获得过该奖的最佳外语片奖；《断臂山》获得了包括最佳影片在内的 4 项大奖；章子怡凭借《艺伎回忆录》中的演出而获得过包括电影艺术奖在内的 3 个奖项等等。

## 第六节　金熊奖、银熊奖及柏林国际电影节其他大奖

金熊奖是柏林国际电影节所设立的最高大奖。之所以称为金熊奖，主要是因为柏林市的市徽为熊。金熊奖主要授予最佳故事片、纪录片、科教片、美术片。另外银熊奖也是该电影节中主要的大奖，授予最佳导演、男女演员、编剧、音乐、摄影、美工、青年作品或有特别成就的故事片等。

柏林电影节的举办方主要是想通过放映各个国家和地区的影片，促进世界各地区电影工作者的交往，争取电影节期间上映的影片作商业性的发行放映。因此“主题的创意，银幕表现的流畅和观众的可能反应”也成为入选电影节的影片的主要衡量标准，在一定程度上这些影片不仅代表了当代国际电影的最高制作水准，也代表了未来电影的发展方向。

除了金熊奖和银熊奖之外，柏林电影节还设立了一系列其他的奖项。

金熊奖奖杯

**水晶熊奖（儿童电影节奖）**

包含最佳儿童长片水晶熊奖、最佳儿童短片水晶熊奖和最佳青年长片水晶熊奖三项。

**欧洲电影蓝天使奖**

该奖项是柏林国际电影节的主要奖项中唯一附带奖金的一个，带有一笔 25000 欧元的奖金，颁发给竞赛单元的一部投资、制作等均由欧洲人完成的影片（演员方面并没有限制）。

**阿尔弗莱德奖（敢斗奖）**

该奖项颁发给竞赛单元的一位新导演，或是一位在电影艺术方面做出巨大革新的导演。

**国际评论奖、评委会特别奖等**

中国所获的一些金熊奖、银熊奖（中国在柏林国际电影节中的部分获奖情况）：

1982 年《三个和尚》获银熊奖（短片竞赛最佳编剧）。

1988 年《红高粱》获金熊奖。

1989 年《晚钟》获银熊奖。

1990 年《本命年》获银熊奖，导演谢飞获特别贡献奖。

1991 年《李莲英》获特别奖。

1993 年《香魂女》获“金熊奖”。

1993 年《喜宴》（台湾）获金熊奖。

1995 年《红粉》获影视效果银熊奖。

1996 年《太阳有耳》获最佳导演银熊奖。

1997 年《河流》（台湾）获银熊奖。

2000 年《我的父亲母亲》获银熊奖。

2003 年《英雄》获阿尔弗莱德·鲍尔特别创新作品奖。

2003 年《盲井》获艺术贡献柏林银熊奖。

2005 年《孔雀》获评委会大奖银熊奖。

2005 年《天边一朵云》（台湾）获最佳艺术贡献奖和阿尔弗莱德·鲍尔奖。

## 第七节　金狮奖及威尼斯电影节其他奖项

金狮奖是威尼斯电影节所设立的最高大奖，在国际电影界具有很高的地位和很大的影响力。威尼斯电影节是世界上最早的一个国际性电影节，其第一届电影节在 1932 年举办，比戛纳电影节早了 14 年，比柏林国际电影节也早了 19 年，因此素有“国际电影节之父”之美称。电影节的举办地选在意大利的水城威尼斯，这也为电影节带来了不少亮点。举办威尼斯电影节的初衷是为了提高电影艺术水平，同时也是为了促进威尼斯的旅游业。第一届威尼斯电影节没有成立专门的评审委员会，而主要由观众投票选出喜欢的电影和演员；评选结果也是千奇百怪，在最佳男主角的“候选人”名单中竟然出现了“米老鼠”。

威尼斯电影节在 1943～1945 年期间曾因第二次世界大战而一度停办，在大战结束后的 1946 年又恢复举行。起初，电影节设立了最佳故事片、纪录片、短片、意大利影片、外国影片，以及最佳导演、编剧、男女演员、摄影、音乐等奖。电影节曾一度被法西斯所控制，连奖杯都被称为“墨索里尼杯”。正因为受法西斯的影响，电影节在 1938 年到 1942 年的评奖也不为后人所承认。著名的戛纳电影节在某种意义上来说也是为了对抗在法西斯控制下的威尼斯电影节而举办的。在二战结束后，威尼斯电影节开始逐渐形成自己的风格，遵循独立自主的原则和冒险精神，以艺术性作为评价影片的主要标准，“电影为严肃的艺术服务”是威尼斯电影节所奉行的宗旨。

1949 年，电影节正式将最高奖项“最佳国际影片”更名为“圣马克金狮奖”，即前文所说的金狮奖；1953 年电影节撤销了“最佳意大利电影”，同时新增了“圣马克银狮奖”。金狮奖和银狮奖的评审委员会全部由国际电影界内的权威人士组成，我国的导演谢晋、陈凯歌，演员巩俐等都做过评委。除了金狮奖和银狮奖外，威尼斯电影节还设立了诸如意大利电影评论家奖、国际电影评论家奖、国际天主教组织奖、国际电影新闻协会奖、纪录片奖等奖项。

### 小资料：柏林国际电影节

柏林国际电影节原名为西柏林国际电影节，是欧洲顶极的电影盛会，为欧洲三大国际电影节之一，同时也是五大国际电影节之一。柏林国际电影节在 20 世纪 50 年代初由阿尔弗莱德·鲍尔发起筹划，在当时的联邦德国政府和电影界的支持和帮助下，第一届柏林国际电影节于 1951 年 6 月底至 7 月初在西柏林成功举行，此后每年举办一次。柏林电影节最重要的部分是有全世界范围电影参与的竞赛单元。到 20 世纪 80 年代，每年已经有 30～40 个国家和地区参加，有约 200～300 部电影在电影节期间放映。为了进一步扩大知名度、能和法国的戛纳国际电影节竞争，1978 年起柏林国际电影节提前到每年的 2 月底到 3 月初举行。

# 第八节 美国三大影评人协会奖

## 纽约影评人协会奖

纽约影评人协会奖是由纽约影评人协会颁发的奖项，起始于1935年，是美国所有由影评人参与的奖项中历史最为悠久的一个。

纽约影评人协会成立于1935年，其成员早期主要局限在纽约当地的报纸影评人中。到了20世纪60年代，一方面由于1962年美国报纸业的大罢工，许多报纸专栏的失业撰稿人转而在杂志找到了工作；另一方面由于美国影评人协会的成立，使得纽约影评人协会也开始吸收诸如《新闻周刊》、《周六评论》等在内的影评人，其会员的范围也逐渐扩大。到了80年代，该协会的成员已不仅仅局限在纽约地区了。目前纽约影评人协会拥有30多名会员，其中包括3名美国西海岸的影评人。值得一提的是，纽约影评人协会并不包括电视台或广播电台的影评人。

纽约影评人协会奖的整个评选过程可以分成好几个阶段：在第一轮投票中，每位影评人对每个奖项只能提名一个，如果最后结果没有一个提名获得多数承认，那就要进行第二轮投票。在第二轮投票中，影评人必须在每一奖项中列出三个选择，并按倾向性高低依次标以3到1分。如提名获得多数票数，则得到最高累计分数的提名，成为赢家；若还没有获得多数票，还得进行第三阶段的投票，直到奖项产生为止。

纽约影评人协会奖一直被视为是“奥斯卡”的风向标。自颁发该奖项起近70年来，获得纽约影评人协会奖的影片大约有40%在随后的奥斯卡奖上也成为赢家。

在 1966 年之前，获得纽约影评人协会奖的影片大多都是历史传奇或古装剧情片，这点和奥斯卡的偏好是类似的。后来在和美国影评人协会竞争的过程中，纽约影评人协会奖开始偏向了国外电影；而在洛杉矶影评人协会成立且其立足于本土商业电影后，纽约影评人协会又开始关注本土大众欣赏电影的口味。

除了奥斯卡有相似的评价偏好外，纽约影评人协会奖又强调其相对于奥斯卡更为优越之处。甚至纽约影评人协会成立的其中一条理由是因为奥斯卡的最佳电影有时候存在着问题。而在客观上，纽约影评人协会奖也确实发掘过一些未被奥斯卡相中的优秀影片，如当年与奥斯卡无缘的《公民凯恩》、《发条橙》、《好家伙》等。同时纽约影评人协会奖还发掘出了不少被奥斯卡冷漠的电影大师，如希区柯克、库布里克、伯格曼、斯科西斯等。正因为有了这些慧眼识才的光辉历史，使纽约影评人协会奖一向被视为美国最有品位的电影大奖。

## 洛杉矶影评人协会奖

洛杉矶影评人协会奖起始于 1975 年，是由洛杉矶影评人协会颁发的一个电影奖项，与纽约影评人协会奖、芝加哥影评人协会奖并称为“美国三大影评人奖”。

洛杉矶影评人协会由当时担任洛杉矶时报影评人的查理·卓别林和自由撰稿人鲁斯巴切勒在 1975 年创立，目前是所有影评人协会中成员分布最广泛的，拥有涵盖洛杉矶报纸、杂志、电台、电视频道的有名影评人。

洛杉矶影评人协会奖不像其他影评人协会那样强调品位，该奖既有可能选择一些票房大片如《星球大战》和《外星人》作为最佳影片，同时也有可能垂青一些艺术性高的小成本影片，如《大西洋城》、《惊暴内幕》、《秘密与谎言》等。洛杉矶影评人协会奖甚至会将最佳电影奖颁发给还没有发行的电影，即1985年该奖的最佳电影得主《BRAZIL》——而该电影一直到开奖以后才正式发行。

该奖的评奖过程十分有趣，其评奖往往在其中一个会员家里举行。会员们在讨论每个奖项时轮流发言，分别提出三个首选，被会员们提及次数最多的两个候选者进入下一轮的会员表决程序，在这一轮表决中胜出的即是最终的得奖者。获奖情况会在每年的12月份的第二个星期六宣布结果，这在客观上往往会给纽约影评人协会奖造成一种压迫性的影响。

为了表彰那些在电影事业中做出重大贡献的个人，洛杉矶影评人协会奖还设立了终身成就奖。奥森威尔斯和比利怀尔德等都曾得过该奖项。同时，洛杉矶影评人协会奖中的新人奖发掘出了不少有潜质的电影人，其中很多的获奖者已经成为当今影坛的风云人物，如萧恩潘、马丁斯科西斯、朱迪福斯特、斯派克李、阿莫多瓦、李奥那多迪卡普里奥等等。

## 芝加哥影评人协会奖

芝加哥影评人协会奖由芝加哥电影评论协会颁发，于1989年设立，属“美国三大影评人奖”之一，是美国国内电影界颇有口碑的奖项。奖项设置包括最佳影片、最佳外语片、最佳导演、最佳男主角、最佳女主角、最佳男配角、最佳女配角、最佳剧本、最佳摄影、最佳原声带、最佳纪录片、最有前途新人、最佳新进导演等。

在芝加哥影评人协会奖中获奖的影片和人员往往也是同时获得该年度其他国际电影大奖的有力竞争者，因此每年在芝加哥电影评论协会奖颁奖典礼上出现的往往都是该年度热门电影人物。例如1999年斯蒂文·斯皮尔伯格曾因《拯救大兵瑞恩》领取了该奖的最佳影片奖；2000 年，章子怡获得芝加哥影评人协会奖的最佳新人奖，汤姆·汉克斯为该年度的最佳男演员奖，李安的《卧虎藏龙》则是最佳外语片奖。

## 第九节 其他一些国际电影奖项

### 欧洲电影奖

素有“欧洲奥斯卡”之称的欧洲电影奖是在瑞典电影大师伯格曼的倡议下于 1988 年设立的。其宗旨是永久树立欧洲各国都遵循的电影的艺术精神，唤醒全球观众对欧洲艺术人文电影的信心及支持。虽然只有短短十几年的历史，但欧洲电影奖的影响力却已日益增大，该奖项日益成为世界级的电影大奖。

欧洲电影奖的总部原来一直都设在德国柏林，柏林也是欧洲电影奖颁奖典礼的永久举办地；但进入了 20 世纪 90 年代后期，欧洲电影奖打破了原有的地域限制，第 10 届欧洲电影奖颁奖典礼改在伦敦举行，2000 年的欧洲电影奖颁奖典礼在法国的巴黎举行。

欧洲电影奖最初的奖座为一手持葡萄的男子，是由柏林艺术家设计的。1997 年又采用了新的奖座，新的奖座是由一位英国设计家设计的，为一位身着欧洲星长裙的长发美女。凑巧的是，欧洲电影奖的新奖座长发美女的身高，和美国奥斯卡金像奖完全一样。

目前，欧洲电影奖设立了最佳电影、最佳导演、最佳男演员、最佳女演员、最佳男配角、最佳女配角、最佳青年电影、最佳摄影、最佳剧本、最佳作曲、最佳艺术设计、最佳纪录片、最佳剪辑、年度发现、最佳成就奖和杰出成就奖等奖项。

### 金贝壳奖及西班牙圣塞巴斯蒂安国际电影节其他主要奖项

金贝壳奖是西班牙圣塞巴斯蒂安国际电影节的最高大奖，创办于1953年，每年颁发一次。西班牙圣塞巴斯蒂安国际电影节是西班牙第一个、也是最大的国际电影节，同时也是欧洲最重要的电影节之一，有“西班牙国际电影节之父”之称。举办该电影节的主要目的是支持世界各国电影界人士进行合作，以促进世界电影艺术和电影事业的发展。电影节原来在每年的9月份举行，在1961年到1972年期间改为每年6月或7月，1973年以后又恢复到9月，持续时间大约为10天。第一和第二届电影节只有西班牙语电影参展，以后影响逐渐扩大，参展的电影类型也逐渐增加。

参加金贝壳奖评选的电影都需要打上西班牙文字幕，经过电影节主席及选片委员会的批准。电影节奖项设正式奖和非正式奖两种，正式奖以“贝壳”命名，最高奖金贝壳奖就是其中之一，此外还有银贝壳奖；非正式奖有雅典娜奖、西班牙旅馆奖、堂·吉诃德奖等。

由于参加圣塞巴斯蒂安国际电影节的影片以欧美国家的影片为主，因而金、银贝壳奖的获奖者也以欧美国家的影片为主。值得一提的是，我国电影界近年来也积极参与该电影节并参与奖项的角逐。《湘女萧萧》就曾在第41届圣塞巴斯蒂安国际电影节上获得堂·吉诃德奖；影片《炮打双灯》获得第42届的国际评委特别提名奖，其女主角宁静还获得了最佳女演员奖；张扬的《洗澡》、《向日葵》和徐静蕾的《一个陌生女人的来信》，也在该电影节上获得过最佳导演、最佳影片等重要奖项。

### 水晶球奖与卡罗维法利国际电影节的其他奖项

卡罗维法利国际电影节创办于1946年，是捷克斯洛伐克第一个国际电影节，同时也是世界上历史最久的电影节之一。电影节的主要目的是为和平、为人类幸福、为各国自由而斗争，同不道德的影片作斗争。第一届至第四届都在捷克斯洛伐克的马里安温泉举行，从 1950 年的第五届起开始，电影节地点转移到了卡罗维法利。电影节自创立以来，在 1958 年之前，除有过两年的中断，其余都为一年一届。但在 1958 年莫斯科国际电影节创办后，为了与之交替举行，卡罗维法利国际电影节改成两年一届，每届电影节都会持续两周时间。

该电影节从 1948 年开始正式授奖，因其最高奖奖座为一水晶球，故取名为“水晶球奖”，水晶球奖是捷克卡罗维法利国际电影节的最高奖项。除此之外，还设有评委会特别奖、“利迪策玫瑰奖”。此外，还有导演奖、男女演员奖、编剧奖、摄影奖、荣誉奖、世界进步奖、为新人斗争奖、自由斗争奖、国际友谊奖等。

我国影片《钢铁战士》、《白毛女》、《新儿女英雄传》、《人民的战士》、《祝福》、《聂耳》、《良家妇女》、《女儿红》等均在该电影节上获得过奖项。

**其他一些国际知名电影奖项**

圣·乔治奖，为俄罗斯莫斯科国际电影节的最高奖，创办于 1959 年。

东京大奖，是日本东京国际电影节的最高奖，创办于 1985 年。

金字塔奖，是埃及开罗国际电影节的最高奖，创办于 1976 年。

美洲大奖，是加拿大蒙特利尔国际电影节的最高奖，创办于 1977 年。

金树商陆奖，是阿根廷马塔布拉塔国际电影节的最高奖，创办于 1989 年。

# 第三章　国外著名的广告奖项

世界上有五大广告奖，即伦敦国际广告奖、戛纳广告大奖、莫比杰出广告奖、克里奥国际广告奖和纽约广告奖。

## 第一节　伦敦国际广告奖

伦敦国际广告奖正式创立于1985年，每年11月在英国伦敦开幕并颁奖。每次评奖均有近百个国家和地区参加，最近几年的报名作品均在万件以上。伦敦国际广告奖的获奖者将会获得一座展翅欲飞、企图飞跃自我的超现实主义的人类外形的铜像。

在世界五大广告奖中，英国伦敦广告奖是最年轻、最有朝气的大奖。英国伦敦广告奖的独特之处有以下三个方面。

### 最漫长的评奖

英国伦敦广告奖的评奖过程是十分漫长的。虽然每年的颁奖仪式在11月份，但所有参赛作品在6月就被要求送达组委会，再由组委会送到每一位评委手中进行独立评审。评委来自世界各地，具有不同的文化、不同的背景（包括创意大师、电视/电视导演、录音编导及制作专家等），但创意作为共同且唯一的评奖标准。

英国伦敦广告大奖同时也为每一媒介的作品设立了一项大奖。从获奖者中推选出的评奖主席最终将决定大奖花落谁家。

### 最具创新意识的大奖

伦敦国际广告奖能不断翻新，不断创造出新的形式。在2002年，伦敦国际广告奖就首先打破了“广告必须是真实的”这一传统，率先开辟出“虚拟广告专栏”。

### 项目分类最周全的大奖

英国伦敦广告奖不仅在平面、影视、广播这三大媒介项目上分类细致，而且在设计包装、技术制作上也做了十分细致的划分，充分体现出该奖在创意概念、设计手法、技术制作等几方面齐头并重的特色。

### 英国伦敦广告奖几个主要的技巧评选项目

**电视/电视类别的技巧评选项目：**

最佳动感的——CEL、最佳电脑特技、最佳“动感——停止”镜头、最佳电影摄制、最佳方案、最佳化妆设计、最佳指导——对白、最佳指导——视觉效果、最佳剪辑、最佳幽默、最佳广告歌、最佳原创乐、最佳表演——女性、最佳表演——男性、最佳布置设计、特别音乐改编、特殊效果。

**广播类别的技巧评选项目：**

艺术表现、电台制作和构想、文案、幽默、有歌词的原创音乐、无歌词的原创音乐（不要求用英语）、特效音乐（流行、经典和演唱会）、音响使用（不要求用英语）。

## 第二节　戛纳广告大奖

世界五大广告奖之一的戛纳广告大奖起源于戛纳电影节。电影广告媒体代理商在1954年发起并组织了戛纳国际电影广告节，目的是希望电影广告能同电影一样受到世人的认可和瞩目。

起初，戛纳广告大奖在威尼斯与戛纳两个地方轮流举办，到了1977年，戛纳正式成为戛纳广告大奖的永久举办地。在1992年，大奖组委会又增加了报刊、招贴与平面等的竞赛项目，至此，戛纳广告奖已成为真正意义上的综合性国际大奖。

每年的6月下旬，戛纳广告节都如期举行。各国广告代表及其他各界来宾都云集在戛纳。客户、策划部门、制作公司、创意团队等在此召开一系列的交流会，研讨专业，商洽业务。

戛纳广告大奖吸引了大量广告精英的注意力，每年大约有7000多位代表1万多件作品来争夺大奖。

戛纳广告大奖的评委会也被分为独立的两组，一组负责评定平面广告，另一组负责评定影视广告。广告奖决赛阶段的评审在戛纳广告节期间进行。为了增加现场气氛，参赛者可以目睹现场公布的每一阶段入围名单。每位评委对于自己国家的作品采取了回避投票的原则。为了保证评审的合理性，评委可以自己掌握评审时间。

在影视方面第一轮将决出400件作品，第二轮筛选到200件，再从中讨论决定各项目的金、银、铜狮奖。

金棕榈奖与戛纳电影奖同名，是戛纳广告奖专为影视广告制作公司设立的大奖。获奖标准是通过各家制作公司作品在大赛（影视广告）项目上的表现来判定的，大奖得10分，金狮奖得7分，银狮奖得5分，铜狮奖得3分，入选作品得1分。

1993年戛纳广告奖还设立了年度最佳表现广告公司奖，颁给同时参加平面与影视广告并获得总积分最高者。大奖10分，金狮奖7分，银狮奖5分，铜狮奖3分，入围1分。

## 第三节 莫比杰出广告奖

莫比杰出广告奖是世界顶级的广告设计大奖，具有十分重要的影响力，创始于1971年。与戛纳广告奖侧重意外出奇的创意相比，莫比杰出广告奖更为推崇具备科学理念支持的创意设计。

莫比杰出广告奖是各大国际广告奖中最早揭晓的，每年的2月份，莫比杰出广告奖都会在美国芝加哥城文化中心及广播通讯博物馆举行颁奖典礼，每年都将有约259座莫比奖座被颁出。其中约有105项电视广告奖，18项广播广告奖，120项平面广告奖，包装设计奖16项。每年的获奖作品都将在芝加哥文化博物馆展出，并被博物馆收藏。由于颁奖时间在每年的年初，获得莫比杰出广告奖的作品也将成为该年度其他广告大赛关注的对象，对于获得其他广告大奖有不少帮助。中国大陆在1998年第一次获得了莫比金奖。2001年国内的水井坊又荣获了“莫比”杰出成就奖和包装单项奖。

莫比杰出广告奖的获得者将被颁予一个奖座，其名字和形状均来源于20世纪德国数学家暨天文学家莫比发现的莫比现象。奖座是一个熠熠闪光的金色无限标志，被雅致地镶嵌在大理石底座上。这个奖座也象征着沟通无限、创意无限。

莫比杰出广告奖十分重视参赛作品在文化潮流方面的代表性。大赛的评委对于一些领导潮流的主题和国际化的创意更加感兴趣。入围莫比杰出广告奖决赛的作品将反映出国际经济和社会状况的发展方向，难怪有人称莫比杰出广告奖是“潮流文化的晴雨表”。

莫比杰出广告奖具有多元化的独立评奖方式，其评委来自不同文化背景及不同规模的公司，大多在美国、加拿大等不同地点进行独立评判。

莫比杰出广告奖具有不同的项目类别，评判过程中在项目类别上必须对作品从整体上进行评判；而创作技巧类则允许依据某一特殊创意因素来进行评估，如广告方案、艺术指导、摄制手法等。

莫比杰出广告奖严格遵循着宁缺毋滥的原则，严把评审关。虽然每一类别都设有莫比奖座，但还是常常会有很多奖项产生空缺。另一方面，评委会对于获得大奖的数目并不做限制，一些类别中同时有几份作品达到了评奖要求，由此也可能有一个以上的获奖者。

## 第四节　克里奥国际广告奖

克里奥国际广告奖是世界上历史悠久、规模巨大的世界性广告大奖。它创立于1959年，迄今已有近50年的历史，素有广告界“奥斯卡”之称。每年的5月，克里奥广告奖颁奖典礼都将在世界商业和金融中心，同时也是号称世界广告之都的美国纽约举行。克里奥大奖比赛是对当今世界广告作品的一次总巡视和检阅，也为全球的广告精英们带来了一顿丰盛的大餐，为人们提供了一次观摩世界最优秀广告作品的机会。中国内地在1998年的克里奥国际广告奖评选中，首度赢得两项铜奖。

“克里奥大奖”的名称也有一定的讲究。在古希腊神话中，克里奥又称之为“缪斯”，她是掌管文艺、音乐、天文等九女神之一。克里奥广告奖在近半个世纪里所走过的辉煌历史、所创造的辉煌成就正好反映了人们对“缪斯——克里奥女神”的推崇和向往，同时也恰如其分地反映出克里奥广告奖的使命与精神——在广告艺术世界里万里长征，勇于探索，推陈出新，推动世界广告发展。这些正好与克里奥女神的天职相吻合，故以此名来命名国际广告界的最高荣誉——克里奥国际广告奖。

克里奥国际广告奖组委会本着公正、民主和非政治性原则对评委们的评判工作不作任何指导，其评委会是由在全球广告领域里享有盛誉的一些专家组成的。各位评委都遵循着独立评选、回避评审本国作品的原则。对全球各地的广告公司和专业制作工作室的创意作品进行评审。如评委遇到对广告的文化背景不了解，该评委也不得投票，参赛作品的成绩由参与该作品评审的评委投票决定。

克里奥国际广告奖的评委们对参赛作品更看重其创作意图而并非单单看意图的贯彻。评审过程集中在一个星期之内，第一轮评审的通过作品称为“入围”，第二轮评审选出铜奖，第三轮决出银奖，第四轮定出金奖，到第五轮就将产生克里奥大奖。金、银、铜获奖通知书在颁奖典礼前 2～3 周寄出，所有金奖、银奖的获得者都将应邀出席在纽约举行的克里奥国际广告奖典礼。值得一提的是，克里奥国际广告奖的金、银、铜奖的作品投票票数必须达到规定比例，因此很有可能出现有多个金、银、铜奖，或者某些类别获奖的空缺。包装设计和技术类别将由那些在该项领域中享有盛誉的专家来评选。例如导演评选执导，剪辑师评选剪辑。

克里奥国际广告奖大赛堪称是全球广告界的一次盛会，世界各国的广告精英欢聚一堂，交流各自的广告作品，参加各种广告创意讲座，参观各种丰富多彩的会间活动。比赛过后，获奖作品将由每个国家和地区的克里奥奖代表组织赴世界上 38 个国家和地区作巡回展览。1999 年，克里奥广告奖首次在中国国内举办了克里奥广告奖获奖作品巡回展。

### 克里奥的竞技项目

**经典荣誉杯奖**

参赛的作品必须是已经发布5年以上的影视广告，而且还必须已经取得过一次国际性金奖。

**单项影视广告奖**

此类影视广告的片长不能超出180秒。

**单项平面广告奖**

包含报纸、印刷、招贴与户外等项，参赛时作品需经过装裱，并提供35毫米菲林片及媒介发布使用的证明资料。

**单项广播广告**

录音带总长不能超过180秒。

**系列广告奖**

为同一品牌广告、同一诉求点所做的系列作品，在影视、平面、广播等任一媒介上发布3幅以上。

**整合媒介运动奖**

在两种以上的媒介发布了3～6种的系列作品。

**包装设计奖**

**全球互联网网址设计奖**

## 第五节　纽约广告奖

纽约广告奖始创于1957年，创办初期主要是为了非广播电视媒介的广告作品而设立的，每年的6月份，纽约广告节开幕并举行颁奖盛会。到了20世纪70年代，纽约广告大奖在美国的工业界与教育界已经取得了非凡的声誉。70年代，纽约广告大奖又增添了电视电影广告、电视节目和促销等项目；1982年设立国际广播广告、节目和促销竞赛项目；1984 年又设立了印刷广告、设计、摄影图片、图像项目；1992 年全新增添全球互联网络奖项；对于健康关怀的全球奖项也于 1994 年加入了纽约广告大奖的评选；1995 年纽约广告大奖又增设了广告市场效果奖。

纽约广告大奖比赛吸引了大量的广告精英，近年来每届大赛都有 60 个以上的国家的 15000 件以上的作品参加。

纽约广告大奖的初审于每年的 4 月举行，决赛通知书在 5 月寄出，各分类奖项在 5 月选出，最大奖项将在 6 月份的第一个星期内最终产生。赛事的每个项目均设有国际传媒大奖的金奖座，分门别类地决出金、银、铜奖，同时也颁给入围者获奖证书。

所有入围纽约广告大奖决赛的作品将被收录进当年的广告年鉴而出版发行，获奖者的作品会被刊载在《广告时代》等权威杂志里，同时在互联网（网址 http：//www. rryfests. com）上也能欣赏到这些作品。

## 第六节　其他一些国际著名广告大奖

除了以上这世界五大广告奖之外，国际上著名的广告大奖还有国际招贴画展与萨维那奖、坎城广告大奖、日本 ACC 赏、香港 4As 广告创作大奖、艾菲奖、时报亚太广告奖、联合国特别奖项、中国台湾广告金像奖和龙玺奖等等。

### 国际招贴画展与萨维那奖

国际招贴画展是于 1987 年在国际教科文组织、法国文化部、巴黎政府及部分法国企业的赞助下创立的，每年的春夏之际在巴黎大皇宫展出。国际招贴画展是全球招贴画艺术交流的一个非营利组织，是各国招贴画艺术家们展示才华的场所，也为介绍各国招贴画艺术和促进国际招贴画艺术的发展起了很好的作用。

国际招贴画展的会场布置都会在大皇宫正门与街道上设立圆筒形宣传柱，由国际上六位知名的招贴画艺术家亲自各绘制一幅，展览结束，这六幅作品将捐给法国国家图书馆作永久保存。

萨维那奖

每年画展都会从各国寄来的上千幅招贴画中选出 600 幅展出，评审委员会再从中选出 100 幅作品。这 100 幅作品在一年内将在全球巡回展览，最终又将在这 100 份作品中评选出一幅最优秀的作品，这份作品将获得“萨维那奖”。“萨维那奖”是为了纪念法国招贴画艺术的老前辈萨维那并且表彰其在招贴画艺术上的成就，而以其名字命名的，“萨维那奖”也被誉为招贴画艺术的奥斯卡金像奖。

每年的“萨维那奖”获得者都可以在第二年将自己近年来的作品在国际招贴画展为其在大皇宫的特辟场地中展览，这对于个人来说是非常高的荣誉。

## 坎城广告大奖

坎城广告大奖来源于坎城电影节。1954 年，由电影广告媒体代理商发起并组织了法国的坎城国际电影广告节。创办该广告节的初衷是为了使电影广告能同电影一样受到世人的认同和瞩目。广告节在每年的 6 月下旬举行。广告节期间，全球各国的广告精英们及其他各界人士云集坎城，交流广告创意、召开研讨会等。

1977 年之前，坎城与威尼斯两个城市轮流举办坎城国际电影广告节，1977 年坎城正式成为永久举办地。1992 年广告节组委会又增加了报刊、招贴与平面的竞赛项目。至此，坎城广告奖成为真正意义上的综合国际大奖。

## 艾菲奖

艾菲奖是纽约美国营销协会为表彰每年度投放广告达到目标、并获得优异成绩的广告主、广告公司而专门设置的特别广告奖项，成立于1968年。与戛纳奖、克里奥奖等国际奖项不同，艾菲奖更加关注广告带来的实际效果。自创立以来，艾菲奖已经在全世界26个国家设立，是目前世界上唯一的一项以广告效果为主要评审依据的国际著名广告大奖。

艾菲奖的特殊地位对广告主和广告代理公司都具有十分重要的意义。对于广告主来说，艾菲奖能帮助他们更好地掌握实效广告投放的知识和标准、学习实效广告案例的成功经验、学习安排综合性实效广告的投放与监督，并且接触和了解能为他们带来实际收益的广告公司及媒体以加强彼此之间的合作，更可以使广告主们朝着国际化的方向发展。

对于广告代理公司，艾菲奖可以使之在广告主面前展示自身实力，全面提高代理广告的能力等。

## The One Show——“金铅笔”大奖

The One Show——“金铅笔”，是美国One Club赋予全球顶级广告创意人员的最高奖项，至今已有80年历史。其内容包括一年一度的金铅笔奖和金铅笔互动奖，青年创意竞赛和学生作品展，以及一系列长达7天的国际顶级广告人互动活动。

“The One Show”来源于柯南道尔领导的创意革命中提出的艺术指导与文案一体化的概念。

1920年纽约艺术指导俱乐部与文案俱乐部在美国的纽约成立，这两个组织都主办了各自的广告奖项；到了1974年，这两个俱乐部把各自的广告奖结合了起来，并在此基础上全新设立了金铅笔奖。1977 年 One Club 正式成立，从此由 One Club 独立主办金铅笔大奖。与其他广告奖项把评奖重点放在视觉与文案上不同，“金铅笔”把创意作为评价一个作品的主要标准。

“金铅笔”的发展速度十分之快，很快就从纽约最佳广告奖一跃成为全美乃至全球著名的广告奖项。同时随着该奖项的不断壮大，其所涉及的领域也日益扩大：1994 年 The One Show 创立了其教育部门并设立了年度最佳学生作品展，使其成为世界顶级广告大奖中唯一注重学院风格的奖项；1996 年，金铅笔奖开始吸收各种互动类作品，并专门设立了独立的广告奖项；1998 年，金铅笔互动奖被《广告时代》命名为世界最佳互动广告奖；2001 年，在原有的金铅笔奖和金铅笔互动广告奖基础上，新增了金铅笔设计奖项。

除了在美国举办一年一度的广告节外，金铅笔广告奖也注重与世界其他国家和地区的交流。金铅笔广告奖获奖作品每年都在亚洲的新加坡、香港，南美的巴西、阿根廷，非洲的南非和欧洲的许多国家展览。同时，One Club 每年还会邀请一些广告界的优秀讲师跟随广告展一起到展览国家举办免费讲座，这在一定程度上促进了各国广告业的交流，推动了这些国家和地区广告业更进一步的发展。

值得一提的是，The One Show 广告奖加强了与中国内地广告界的联系与沟通，由美国 One Club 和中国厦门大学联合举办的首届 The One Show 中国广告峰会，为促进中国内地广告界进一步了解 The One Show、促进中国与世界广告的交流做出了一定的贡献。

# 第四章　国外著名的音乐奖项

## 第一节　格莱美奖

格莱美奖是美国四个主要音乐奖之一（其他三个为公告牌音乐奖、全美音乐奖和摇滚名人堂收录典礼），也是美国录音与音乐界比较重要的奖项之一，其地位相当于电影界的奥斯卡奖。格莱美奖由录音学院负责颁发，以奖励过去的一年中在音乐界内出色的成就。格莱美奖虽然是美国唱片行业中的大奖，但其影响力已超出国界，成为世界范围内著名的音乐大奖之一。第 44 届格莱美颁奖晚会就吸引了全球 170 个国家的约 17 亿观众收看。

格莱美是英文“格拉姆风”（留声机）的变异谐音，以它命名的格莱美奖已经有近 50 年的历史了。在 1957 年，美国洛杉矶一批音乐人和唱片公司管理人员倡议成立一个代表音乐制品艺术和科学的机构，并通过这个机构鼓励有才华的音乐家、歌手及幕后音乐制作人员。美国国家录音艺术与科学学会（简称录音学会）以及名为格莱美的音乐奖由此诞生。首届格莱美音乐奖于 1958 年颁发，以后录音学会每年举行一次颁奖仪式，奖项也由最初时的 26 项增加到现在的 31 个大项、100 多个小项；且每一届的格莱美奖项设置都不尽相同，除了几个比较重要的奖项（比如“年度最佳唱片”、“年度最佳专辑”等）年年都有之外，小的奖项总是略有不同。

格莱美奖的奖杯是一座小型的镀金留声机塑像，由“比灵斯工艺公司”手工制作。

格莱美大奖被誉为美国唱片工业的风向标，每年获得格莱美大奖的唱片都会热卖，而获奖歌手也会大红一把。这种现象被称为“后格莱美”效应。

除格莱美音乐奖外，美国录音学会还先后设立了终身成就奖、董事会奖及格莱美荣誉殿堂，以表彰有杰出成就和长久历史价值的人物和作品，其中也包括那些不在格莱美评选范围内的人士和被历史埋没了的人物。比如黑人歌唱家罗伯逊就在他逝世22年后，即1998年获得了终身成就奖。美国录音学会还积极参与诸如唱片商标立法、知识产权保护、打击盗版、数码音乐下载诉讼等涉及唱片企业和个人权益的事业，并积极倡导艺术交流和音乐教育。格莱美基金会还为有困难的音乐人提供帮助，支持年轻人加入音乐人行列。

格莱美奖历史上最有成就的华裔音乐人要算世界级大提琴演奏家马友友了。世界古典音乐家的圈子里几乎人人都为他博大的音乐胸怀所折服。他在格莱美奖古典音乐类的评选中，总共摘取过12项桂冠。

## 格莱美的奖项设置

下面所列举的奖项中有一些奖项已经不再颁发或只是其他奖项的另一种称呼，并且每一届格莱美颁奖典礼在奖项设置上都会有所不同。

**一般奖项：**

年度唱片、年度专辑、年度歌曲、最佳新人、名人堂、传奇奖、终身成就奖、技术奖和理事奖。

**作曲与编曲：**

最佳器乐作曲；最佳影视媒体作品歌曲（现在影视媒体栏目

下）；最佳影视媒体作品配乐专辑（现在影视媒体栏目下）；最佳编曲；最佳器乐编曲；最佳伴唱器乐编曲和最佳和声。

**影视媒体：**

最佳影视媒体作品作曲专辑；最佳影视媒体作品歌曲（原在作曲与编曲栏目下）；最佳影视媒体作品配乐专辑（原在作曲与编曲栏目下）。

**音乐秀：**

最佳音乐秀专辑和最佳影视作品音乐专辑或原声录音。

**音乐录像带：**

最佳短篇音乐录像带；最佳长篇音乐录像带；最佳概念音乐录像带；最佳演出音乐录像带和年度音乐录像带。

**包装与内页：**

最佳专辑封面；最佳古典专辑封面；最佳非古典专辑封面；最佳专辑封面，平面造型艺术；最佳专辑封面摄像；最佳录制包装；最佳盒装或特殊限定版包装；最佳专辑内页和最佳古典专辑内页。

**制作与策划：**

最佳非古典专辑策划；最佳古典专辑策划；最佳策划录制、特殊或新奇效果；最佳非古典混音录制；年度非古典制作人；年度古典制作人和年度非古典混音人。

**环绕音响：**

最佳环绕音响专辑。

## 音乐类型

**另类：**

最佳另类音乐专辑。

**蓝调：**

最佳传统蓝调专辑；最佳当代蓝调专辑。

**儿童：**

最佳儿童专辑；最佳儿童音乐专辑；最佳儿童诵读专辑。

**古典乐：**

最佳管弦乐演奏；最佳古典乐歌手；最佳古典乐演出、歌剧或合唱团；最佳歌剧录制；最佳合唱团演出；最佳古典乐演出；器乐独奏或合奏（管弦乐伴奏或不伴奏）；最佳器乐独奏或合奏（管弦乐伴奏）；最佳器乐独奏（无管弦乐伴奏）；最佳小团体演出（有指挥或无指挥）；最佳室内乐演奏；最佳当代古典乐作曲；最佳古典乐专辑；最佳古典混合音乐专辑和最佳古典乐新人。

**喜剧：**

最佳喜剧专辑。

**乡村乐：**

最佳乡村女歌手；最佳乡村男歌手；最佳乡村组合、演唱或器乐；最佳乡村组合演唱；最佳乡村演唱合作；最佳乡村器乐；最佳乡村与西部音乐录制；最佳乡村与西部音乐单曲；最佳乡村歌曲；最佳乡村专辑；最佳蓝草专辑和最佳乡村与西部音乐新人。

**舞曲：**

最佳舞曲录制（原来在“流行”栏目下）；最佳电子/舞曲专辑。

**Disco：**

最佳 Disco 录制。

**民谣：**

最佳民族或传统民谣录制；最佳传统民谣专辑；最佳当代民谣专辑；最佳印第安人音乐专辑；最佳夏威夷音乐专辑。

**福音乐：**

最佳福音演出；最佳传统福音演出；最佳当代福音演出；最佳福音女歌手；最佳福音男歌手；最佳福音组合；最佳灵魂乐演出；最佳传统灵魂乐演出；最佳当代灵魂乐演出；最佳灵魂乐女歌手；最佳灵魂乐男歌手；最佳灵魂乐演出男歌手或女歌手；最佳灵魂乐组合；最佳灵感演出；最佳流行/当代福音专辑；最佳摇滚福音专辑；最佳传统灵魂乐专辑；最佳当代灵魂乐专辑；最佳南方、乡村或蓝草福音专辑；最佳福音合唱专辑。

**历史：**

最佳历史专辑。

**爵士乐：**

最佳爵士女歌手；最佳爵士男歌手；最佳爵士组合；最佳爵士器乐独奏；最佳爵士器乐专辑、个人或组合；最佳爵士大团体专辑；最佳融合爵士演出；最佳爵士原创作曲；最佳爵士演唱专辑；最佳当代爵士专辑；最佳拉丁爵士专辑。

**拉丁乐：**

最佳拉丁乐录制；最佳拉丁乐流行专辑；最佳传统热带拉丁乐专辑；最佳墨西哥乐/墨西哥—美国乐专辑；最佳摇滚/另类拉丁乐专辑；最佳德亚诺专辑（Tejano是西班牙语的德克萨斯）；最佳骚沙乐专辑；最佳梅伦格乐专辑；最佳骚沙/梅伦格乐专辑。

**新纪元音乐：**

最佳新纪元专辑。

**波尔卡：**

最佳波尔卡专辑。

**流行乐：**

最佳流行女歌手；最佳流行男歌手；最佳流行组合；最佳流行合唱团；最佳流行组合或合唱团；最佳器乐演奏；最佳流行对

唱；最佳舞曲管弦乐演奏；最佳管弦乐或管弦乐伴奏器乐演奏，非爵士或舞曲；最佳流行伴唱器乐演奏；最佳当代歌曲；最佳流行演唱专辑；最佳流行器乐专辑。

**R&B：**

最佳 R&B 女歌手；最佳 R&B 男歌手；最佳 R&B 组合；最佳传统 R&B 演唱；最佳 R&B 器乐专辑；最佳都市/另类演出；最佳 R&B 录制；最佳 R&B 歌曲；最佳 R&B 专辑；最佳当代 R&B 专辑。

**饶舌乐：**

最佳饶舌演唱；最佳饶舌独唱；最佳饶舌女歌手；最佳饶舌男歌手；最佳饶舌组合；最佳饶舌/演唱对唱；最佳饶舌歌曲；最佳饶舌专辑。

**雷鬼：**

最佳雷鬼专辑。

**摇滚：**

最佳摇滚女歌手；最佳摇滚男歌手；最佳摇滚独唱；最佳摇滚组合；最佳摇滚器乐演奏；最佳硬摇滚演奏；最佳金属乐演奏；最佳硬摇滚/金属乐演出，演唱或器乐；最佳摇滚歌曲；最佳摇滚专辑。

**诵读：**

最佳诵读专辑；最佳诵读喜剧专辑。

**传统流行：**

最佳传统流行演唱专辑。

**世界音乐：**

最佳世界音乐专辑；最佳传统世界音乐专辑；最佳当代世界音乐专辑。

## 格莱美之最

**获奖次数最多的人**

指挥佐格·萧提爵士是赢得格莱美奖最多的人，1997 年逝世前他共获得 38 尊奖项。

派特·麦席尼和派特·麦席尼乐团共赢得过 16 次格莱美奖，包括连续 6 年 6 张不同专辑获奖。到 2004 年为止，麦席尼保持着跨类别最多奖项的记录：

1. 最佳融和爵士演出（1983 年、1984 年、1985 年、1988 年、1990 年）。
2. 最佳器乐作曲（1991 年）。
3. 最佳当代爵士专辑（1993 年、1994 年、1996 年、1999 年、2003 年）。
4. 最佳爵士器乐演出，个人或组合（1998 年、2000 年）。
5. 最佳摇滚器乐演出（1999 年）。
6. 最佳爵士器乐独奏（2001 年）。
7. 最佳新纪元专辑（2004 年）。

自由鼓手哈尔·布雷恩在连续 6 张专辑中演奏，这 6 张专辑连续 6 年获得年度唱片奖。

**连续两年获得“年度最佳专辑”的歌手**

弗兰克·辛纳特拉，分别是 1966 年和 1967 年。

史蒂夫·旺德，分别是 1974 年和 1975 年。

**连续两年获得“年度最佳唱片”的人和组合**

罗伯塔·法拉克，分别是 1973 年和 1974 年。

U2 乐队，分别是 2001 年和 2002 年。

**获得“年度最佳男歌手”奖次数最多的艺人**

斯汀，分别是 1988 年、1994 年、2000 年和 2001 年。

**获得“年度最佳女歌手”奖次数最多的艺人**

芭芭拉·史翠珊，分别是1964年、1965年、1966年、1978年和1987年。

**两次获得“年度最佳乐队或组合主唱”奖时间跨度最大的乐队**

“甲壳虫”乐队，分别是1965年和1997年，中间隔了33年。

**获得“年度最佳摇滚女歌手”次数最多的女歌手**

蒂娜·特纳、雪瑞尔·克鲁和帕特·本奈特都获得过4次该奖项。

**获得“年度最佳摇滚乐队”奖次数最多的组合**

U2乐队，分别在1988年、1989年、1993年、2001年和2002年。

**获得“年度最佳R&B歌曲”奖次数最多的艺人**

“娃娃脸”，他作为词曲作者曾三度折桂，分别是1993年、1995年和1997年。但他却从来没有作为歌手拿过这个奖。

**获得“年度最佳R&B女歌手”奖次数最多的艺人**

阿丽莎·弗兰克林，她共11次获得该奖。分别是1968～1975年（连续8年均获此奖项），1982年、1986年和1988年。

**获得“年度最佳乡村男歌手”奖次数最多的艺人**

文斯·吉尔，他曾7次摘取该奖项。分别是1991年、1993年，其中1995～1999年连续5年获奖。

**连续获得“年度最佳摇滚男歌手”奖次数最多的艺人**

莱尼·克莱维兹，1999～2002年连续4年获此殊荣。

## 格莱美相关小知识

**1. 评奖范围**

格莱美设立的全部奖项所评选的对象是所有自前一年10月1日到次年9月30日间在美国发行的唱片。

**2. 如何提名**

角逐格莱美的作品主要由各家唱片公司推荐，当然也可以毛遂自荐。

**3. 评选方法**

每位评委在第一轮投票时可以将选票投向自己认为应该获奖的任何一位歌手或艺术家或乐队或唱片制作人，即他们可以参与评选每一个该届格莱美奖所设立的奖项。但在第一轮投票之后，这些评委们在自己的专业领域里行使投票的权利将受到限制。同理，在第二轮投票时，所有评委也都可以给普通类别的奖项投票，但他们在各自专业领域内的投票权利还是要受到限制。

**4. 提名数量**

格莱美的每个奖项可以有5个提名，且所有投票都将被记录在案。

**5. 保密情况**

在颁奖典礼举行之前，格莱美获奖者名单只有德勤会计师事务所负责管理信封的工作人员有机会知道；藏有获奖者名单的信封直到颁奖典礼上才被当众拆封。也正是因为保密措施如此严密，才会让格莱美更有悬念，更能吸引人们的眼球。

格莱美奖奖杯

## 第二节　MTV亚洲音乐大奖

“MTV亚洲音乐大奖”是亚洲地区最重要、最具影响力的音乐奖项之一，首届颁奖典礼于2002年2月2日在新加坡室内体育馆举办，前3届颁奖典礼均在新加坡举行，2005年第4届MTV亚洲音乐大奖颁奖典礼首次移师泰国曼谷。

第一届的“MTV亚洲音乐大奖”设立了十个地区最受欢迎音乐人奖、六个国际音乐奖项、一个衣着潮流奖、一个电影奖项和一个“启发精神大奖”，奖项设置具体如下：

### 十个地区最受欢迎音乐人奖：

台湾地区最受欢迎艺人奖、香港地区最受欢迎艺人奖、内地最受欢迎艺人奖、韩国最受欢迎艺人奖、新加坡最受欢迎艺人奖、马来西亚最受欢迎艺人奖、印度尼西亚最受欢迎艺人奖、菲律宾最受欢迎艺人奖、泰国最受欢迎艺人奖、印度最受欢迎流行音乐艺人奖、印度最受欢迎艺术家电影奖。

提名范围：所有在MTV全球音乐电视台播放过至少一首歌曲音乐录像的流行歌手、二重唱组合、其他组合或乐队，都包括在以上奖项的评选范围中。他们的唱片销量和在MTV全球音乐电视台播出的频率将作为评奖的重要参考。因此，下面所列的条件中都要具备一个条件，就是艺人或组合的作品必须要通过MTV全球音乐电视台播放过，或通过本频道做过宣传等。

### 六个“国际音乐大奖”：

最受欢迎男歌手、最受欢迎女歌手、最受欢迎流行组合、最受欢迎摇滚组合、最受欢迎音乐录像带、最受欢迎突破歌手。

为了使MTV亚洲音乐奖能够真实地体现亚洲观众的意愿，除了“启发精神大奖”外所有的奖项都由乐迷投票决定。每个奖项设有5名候选人。所有奖项的获奖者将由来自亚洲十个区域的观众及乐迷投票决定。首届MTV亚洲音乐奖唯一的“启发精神大奖”由MTV音乐电视台颁发给对亚洲年轻人有重大影响力的个人或为亚洲地区年轻人的整体改善做出贡献的团体组织。

每届MTV亚洲音乐大奖的奖杯也是不断翻新，如第三届颁奖典礼在2004年2月14日举行，奖杯的形象便是爱神丘比特手持弓箭的形象，以“音乐之爱”为主题进行设计，将爱神丘比特的形象与歌手和歌迷对音乐的爱巧妙地结合起来，奖杯内还装有声音系统，能够“唱出”爱的主题。

## 第三节　美国乡村音乐协会大奖（CMA）

美国乡村音乐协会奖是乡村音乐领域的一个著名奖项，其颁奖典礼在每年的秋季举行。

美国乡村音乐协会奖共设有12个奖项，分别属于那些赢得名望的乡村音乐表演者、音乐家、制作人、词曲作者和导演。

所有奖项的评审有效期都是从上一年的6月1日至当年的5月31日。参加评审的单曲、专辑、音乐录像带及争夺最佳合作奖的各项作品首先必须是在规定的评审有效期内发布的。评审被限制在乡村音乐协会当前的全球个人会员内进行，但该协会的委员会主管享有向总共12个奖项的优胜者颁奖的特权。除了年度歌曲奖，其他诸奖都是由CMA全体会员从若干提名中选出唯一的优胜者。

该奖项的评选分三轮进行。首先，每个CMA会员将在他们的第一轮投票中从每个奖项的候选对象中选出一位，任何获10

票以上有效选票的项目、唱片或歌曲将成为正式被提名者，然后被提交给 CMA 的全体会员供第二轮投票；在第二轮投票过程中，会员们在每奖项下选出 5 名作为最终的获奖提名者进入第三轮；在第三轮投票中，会员们将选出奖项的最终归属。

获奖的标准，评选的规则和投票的程序都是由 CMA 委员会主管制定的。整个投票过程经由德勤会计公司指导和认证。

下面介绍一下各个奖项：

### 年度艺人

该奖项授予在娱乐界各方面都表现出非凡能力的艺人。评选时不仅要看唱片的成绩，更要看艺人自身的造诣、舞台形象、公众接受度、处事态度、号召力以及一切贡献于乡村音乐方面的成绩。

### 年度单曲

该奖项是艺人和制作人的奖项，仅授予单曲唱片的歌曲，它必须是在有效评审期内在国内首度发布的。专辑中的单曲是无资格参与评选的。

### 年度专辑

该奖项是授予艺人和制作人的奖项，主要授予作为一个整体的专辑。候选专辑将被从各方面进行评判，而不仅受限于艺人的成就、音乐背景、录音技术、包装、设计、艺人以及企划人员。专辑中至少有 60％的作品要求是在有效评审期内首次合成或首次发布的。

### 年度歌曲

这是一个授予歌曲作者的奖。任何原创歌曲均符合参选要求，关键取决于它在乡村单曲榜上的表现。

### 年度女歌手

此奖授予女艺人，主要着眼于艺人个人的音乐成就。

### 年度男歌手

此奖授予男艺人，主要着眼于艺人个人的音乐成就。

### 年度演唱组

该奖项授予演唱组，评奖依据主要是演唱组作为一个整体在唱片中的或在人前的独特音乐演艺。

### 年度二重唱

该奖授予二重唱组，评奖的依据主要是两人组作为一个整体在唱片中的或在人前的独特音乐演艺。如果一年中只有少于 5 个二重唱组被提名，则他们将被加入到年度演唱组的获提名人群中一起参加评选。

### 年度合唱

它被定义为两人或以上的合作表演，任何一位就其个人的演艺事业都具有相当的知名度。他们必须在有效评审期内发布的音乐录音中一起演唱，并且在演出中明显体现出各自的特色，当然都被记入节目表中。它授予获此奖的每个艺人。

### 年度演奏

该奖授予以乐器演奏知名的艺人。获奖者必须在有效评审期内至少参与一张专辑或一首单曲的演奏，而该专辑或单曲又必须出现在当年度BILLBOARD，THEGAVINREPORT或RADIO&RECORDS排行榜的前十名之中。投票者在选举同时，必须一并列出符合要求的录音作品。

### 年度音乐电视

该奖项授予一部原创的音乐电视，其长度不超过10分钟，仅表现一首歌曲或旋律。该电视必须是在有效评审期内首度发布展示或广播的。它将受到从声音、画面各种元素方面的评判，但不受限于艺人的成就及电视表现的观念及制作。奖项属于艺人和导演。

### 新人奖

该奖项授予首次在乡村音乐有突出表现的艺人，不论是个人或是两人或更多人的小组。他们应在所有的排行榜、销量榜的表现及现场表演与尖刻媒体的认可程度上均有明显创造性成长和发展。任何曾获得过一项CMA奖项（除年度歌曲、年度合唱和年度音乐电视三项外）或者曾二度成为CMA奖项最终被提名者的艺人，均不再具有争夺此奖项的资格。

## 第四节　水星音乐奖、美国音乐大奖

### 水星音乐奖

英国的水星音乐奖是英国国内最著名、影响力最大，同时也是世界上著名的音乐奖项。如果将格莱美比作奥斯卡，那么水星音乐奖就相当于“戛纳”奖。与格莱美偏重大牌推出的流行金曲相比，水星音乐奖则更青睐于原创的、突破性的、相对或绝对独立的音乐，它对音乐新人才和新方向颇具指引性。

英国流行音乐从 20 世纪 60 年代起便引导着整个世界的音乐潮流。水星音乐奖于 1992 年由英国唱片工业和零售商协会创建，目的是为了表彰优秀的英国流行音乐，是音乐界里一个比较独特的奖项。水星音乐奖由一群音乐工作者担当评委，这些评委都是来自各音乐相关领域的专业人士。他们每年负责挑选出英国和爱尔兰地区出版的年度最佳专辑，候选唱片为 12 张，并在每年 9 月份水星音乐奖颁奖典礼前夕讨论出最后的得奖名单。颁奖对象不限音乐类别，流行、另类、古典、摇滚、电子舞曲等领域内的音乐作品都有可能成为获奖对象，获奖者还将获得一笔 2 万英镑的奖金。

与其他音乐奖设有众多奖项不同，“水星音乐奖”的奖项只有一个，由业内人士组成的评委团来决定奖项的归属。自设立以来，“水星音乐奖”一直凭借着专业精神和纯粹从音乐出发的评选标准而广受好评，被很多新人视为进入音乐界的敲门砖；同时也因为不设繁琐奖项、坚持以发掘优秀的音乐为职责所在，成为音乐独立精神的代表奖项。

## 美国音乐大奖

美国音乐大奖是美国国内具有十分大的影响力和著名的音乐大奖，与格莱美音乐奖、MTV 大奖并称为美国三大流行音乐奖。

美国音乐大奖的入围名单是以唱片销售、电台点歌率为评选标准，并由音乐界知名人士选出的；而胜出者将由从全国抽出的 2 万名歌迷投票选举，因此极具代表性。

从 2003 年开始，全美音乐大奖将颁奖的时间由每年的 1 月推迟到了 11 月，部分原因是为了避开与格莱美大奖发生正面相撞。后者在每年的 2 月份颁奖，而且是由音乐行业的业内人士选出的。

# 第五章 国外著名的体育奖项

## 第一节 奥林匹克运动会及其奖项

奥林匹克运动会可以分为夏季奥运会和冬季奥运会。在这里主要为大家介绍一下夏季奥运会的情况。夏季奥运会，简称奥运会，是国际奥林匹克委员会主办的世界综合性运动会，每4年一届，是世界上规模最大、水平最高的运动会。

### 奥运会的起源

奥林匹克运动会（Olympic Games）起源于古希腊的奥林匹亚村。奥林匹亚位于雅典城西南360公里的阿菲斯河山谷，古希腊人在这里建起了许多神殿，古人也把奥林匹亚称为阿尔菲斯神城，也称“圣地”奥林匹亚。在当时，它象征着和平和友谊。

在公元前884年，希腊的伊利斯城邦和斯巴达城邦发生了一场争夺奥林匹亚的战争。当时，频繁的战争使广大平民百姓厌弃诉诸武力，渴望和平的生活。后来经过双方的协调，订立了神圣条约，规定奥林匹亚是神圣不可侵犯的地方，并将其作为和平的圣地和竞技的场所。在古希腊特定的历史条件下，战争与和平这一对矛盾，就由体育竞技活动暂时将其统一了起来。当时，统治者倡导体育竞技，主要是为了在浩大的竞技队伍中挑选身体健壮的士兵；而老百姓则是为了锻炼体魄和享受和平生活而参加体育竞技活动。

按照竞技会的规定，赛会前后一段时间（开始是一个月，到后来延长为三个月），整个希腊境内要实行“神圣休战”。“休战”期间，任何人都不得动用军队、挑起战事，违者将受到惩处。在竞赛活动中，人们通过交往而促进了彼此之间的了解，增强了团结和友谊，这自然有利于缓和各城邦间的关系。因此，团结和友谊，便成了古奥运会的支柱。此外，古希腊在婚丧、收获时期，常常举行庆典活动，祭奠万神之首宙斯。在庆典活动中，要举行诗歌朗诵、歌舞表演以及体育竞技，这也是古奥运会形成的重要原因之一。运动会最初出现时，并不是统一组织的，而是分散在科林斯、雅典、奥林匹亚等几个地方进行，其中以奥林匹亚地方举行的运动会规模最大。到了公元前 8 世纪，其他地区的运动会已相继自行解体，并开始集中在奥林匹亚举行，这就是古希腊运动会以奥林匹亚得名的原因。

第一届古奥林匹克运动会是在公元前 776 年举行的，之后每隔 4 年举办一次。开始几届只有短跑（192.27 米）一项比赛，后来逐渐增加了长跑、跳远、标枪、铁饼、角力、赛马、赛车、五项全能（赛跑、跳远、铁饼、标枪、角力）等。当然，比赛的方法也是和今天不一样的。例如跳远比赛时，运动员的双手要握哑铃，并有人用笛子伴奏；拳击运动比现在的更为残酷，每位拳击运动员都要手戴皮套，套外有钉刺。参加比赛者起初仅限于成年男子，公元前632 年第 37 届开始有少年参加。据统计，古奥运会先后曾举行过 24 个项目的比赛，其中成年人 18 项，6 项少年项目。由于项目逐渐增多，运动会期限也由原先的一天增加到三天，后来又增加到了五天。参加比赛的运动员大都（不是全部，如武装赛跑等就身着衣服）赤身露体，一丝不挂，全身涂以橄榄油。故此，赤身运动曾风靡一时，并成为古奥运会的一个特色。运动会上有庄严、隆重的发奖仪式，优胜者可获得一顶象征荣誉的橄榄冠，同时还要在运动场的墙壁上刻下自己的名字。此外，对三次获得冠军的运动员，还要在宙斯庙旁为他们塑像，以示表彰和纪念。

从公元前776年到公元349年古代奥运会被罗马帝国的皇帝废除为止，古代奥运会一共举行了293届。

## 现代奥林匹克运动会的兴起

18世纪中叶，经考古学家挖掘，使古奥运会遗址重见天日。随着近代体育的兴起，人们十分渴望恢复奥林匹克运动会。1859～1889年，希腊人曾举办过4届奥运会。被誉为“现代奥林匹克之父”的法国教育家顾拜旦（1863～1937年）向世界各国提出了恢复奥运会的倡议。经过他的多方奔走和协商，于1894年6月16日在巴黎召开了“国际体育运动代表大会”，代表12个国家49个体育组织的79名代表参加了会议。6月23日，大会通过了成立国际奥林匹克委员会的决议，并决定轮流由奥运会举办国的国际奥委会委员担任国际奥委会主席。首届奥运会于1896年在古奥运会的发源地希腊雅典举行，以后每4年举行一次，在世界5大洲各大城市轮流举办。运动会如因故不能举行，奥运会的届数仍照算。希腊诗人维凯拉斯任国际奥委会第一任主席，顾拜旦任秘书长。此后，6月23日就被称为“奥林匹克日”。

国际奥林匹克委员会是一个具有法律地位和永久继承权的法人团体，不以营利为目的。总部现设于瑞士洛桑。它的主要宗旨是使体育运动为人类的和谐发展服务，以提高人类尊严；以友谊、团结、公平竞争的精神，使不同国家、不同民族、不同肤色、不同信仰的青年聚在一起，相互交流，加强了解，增进友谊，从而有助于建立一个美好和平的世界。“更快、更高、更强”是奥林匹克的格言。

## 奥运会的会旗及会歌

奥林匹克的会旗为白色，中间印有五个相互套连的圆环，即我们所说的奥林匹克环。五个环的颜色自左至右依次排列为蓝、黄、黑、绿、红（也可用单色绘制）。会旗的图案是根据顾拜旦1913年的构思设计的。1914年7月在巴黎举行的庆祝奥林匹克运动恢复20周年的国际奥委会会议上，首次悬挂了按照顾拜旦的构思设计的会旗。在1920年举行的第7届奥运会会场上正式悬挂了印有五环图案的会旗。当时圆环的五种颜色被解释为象征五大洲：欧洲——天蓝色，亚洲——黄色，非洲——黑色，澳洲——草绿色，美洲——红色。后来，正式的解释是它们代表着参加国际奥委会所有国家国旗的颜色。1979年国际奥委会出版的《奥林匹克评论》（第40期）强调，五个环的含义象征五大洲的团结，全世界的运动员以公正、坦率的比赛和友好的精神，在奥运会上相见。

奥林匹克环

奥林匹克的会歌是由希腊人斯皮罗斯·萨马拉斯作曲、科斯蒂斯·帕拉马斯作词的一曲优美而庄严的古典管弦乐曲。1896年在雅典第一届奥运会开幕式上曾演奏了这首乐曲。但此后的奥运会上均是由东道国确定会歌，直到1958年东京国际奥委会第55次会议上才正式决定将这首歌曲作为奥运会的永久会歌。

## 奥运会的开幕式

奥运会的开幕式历来都是吸引眼球的奥运会的一个重要组成部分。每届奥运会的开幕式既要反映出以和平、团结、友谊为宗旨的奥林匹克精神，同时更要展现出东道国的民族文化、地方风俗和组织工作的水平，以及表达出对世界各国来宾的热情欢迎。开幕式上，除了进行一系列基本的仪式外，一般都有精彩的富有民族特色的团体操和文艺或军事体育表演。

开幕式主要有以下仪式：奥运会组委会主席宣布开幕式开始。国际奥委会主席和奥运会组委会主席在运动场入口迎接东道国国家元首，并引导他到专席就座。各代表团按主办国语言的字母顺序列队入场；但希腊和东道国代表团例外，希腊代表团最先入场，东道国最后。

在各国代表团全部进入体育场后，奥运会组委会主席和国际奥委会主席分别致辞。之后，东道国国家元首宣布奥运会开幕，全场齐奏《奥林匹克圣歌》，同时奥林匹克旗以水平展开形式进入运动会场，并从赛场的旗杆上升起。

与此同时，奥林匹克火炬接力跑进运动场，最后一名接力运动员沿跑道绕场一周后，点燃奥林匹克圣火，然后放飞鸽子。各代表团的旗子绕讲台形成半圆形，主办国的一名运动员和一名裁判员先后登上讲台，分别代表运动员和裁判员宣誓。

紧接着演奏或歌唱主办国的国歌，然后各代表团退场。在这些仪式结束以后，有团体操或其他文艺表演。

## 奥运会的闭幕式

在闭幕式中，各代表团的旗手按开幕式的顺序一列纵队进场，在他们后面是不分国籍的运动员队伍。国际奥委会主席和当届奥运会组委会主席登上讲台，希腊国旗从升冠军国旗的中央旗杆右侧的旗杆升起，主办国国旗从中央旗杆升起，下届奥运会主办国的国旗从左侧旗杆升起。主办城市市长登上讲台把会旗交给国际奥委会主席，国际奥委会主席把旗交给下届奥运会主办城市的市长。

之后是奥运会组委会主席讲话，国际奥委会主席致闭幕词。紧接着，奥林匹克圣火在号声中熄灭，在奏《奥林匹克圣歌》的同时，奥林匹克会旗徐徐降下，并以水平展开形式送出运动场，旗手紧随其后退场。在欢送乐曲下，各代表团陆续退场。和开幕式一样，闭幕式也有精彩的文艺表演。

## 奥运会的圣火点燃及传递

古希腊在每届奥运会举行以前，人们都要高举着在赫拉神庙前点燃的火炬，奔赴各个城邦，去传递停战的神谕和奥运会召开的消息。现代奥林匹克运动创立以后，最初并没有承继这个传统。直到1920年安特卫普第7届奥运会上，为了悼念第一次世界大战中死去的人们，主办者在主会场点燃了象征和平的火炬，但没有进行火炬传递活动，火种也不是从奥林匹亚采集的。1934年，国际奥委会在雅典正式作出决定，在奥运会举行期间，主会场要燃烧奥林匹克圣火，并且火种必须采自奥林匹亚，以火炬接力的形式传到奥运会主办城市。从此，圣火传递成为每一届奥运会必不可少的仪式。

从1936年柏林奥运会开始，每届奥运会前，在奥林匹亚的赫拉神庙遗址前都要举行庄重的点火仪式，国际奥委会、奥运会主办地和当地的官员都要出席。身着古装的希腊少女用聚光镜采得火种，然后用火炬传到雅典，再由雅典传到主办城市。火炬接力的整个过程都是很隆重的，往往政界要员、著名运动员都亲自参加。在火炬接力途中，如遇高山峻岭、江河湖海，则可用飞机、轮船运送。火种必须在奥运会开幕前一天到达主办城市，在开幕式举行时由一人手持火炬，在人们的欢呼声中点燃位于主体育场醒目位置的“奥林匹克圣火”。有幸承担这一使命的多是一些著名运动员。

在1936年柏林奥运会的开幕式上，由德国田径运动员希尔根点燃圣火。因为这一届是现代奥运会首次举办火炬接力活动，所以顾拜旦亲临点火仪式，并发表了演说。这次火炬接力穿越了希腊、保加利亚、南斯拉夫、匈牙利、奥地利、捷克斯洛伐克、德国7个国家，全程3075公里；由3075名各国运动员每人持火炬跑1公里，经过11个昼夜将火种送到了柏林的奥林匹克体育场。1952年赫尔辛基奥运会上，芬兰长跑界的两位老将努尔米和科勒赫迈宁分享了点燃圣火的荣耀。努尔米手持火炬跑进体育场，首先点燃设在场地上的圣火台，然后将火炬交给64岁的科勒赫迈宁。当他以矫健的步伐登上83米高的火炬台点燃圣火时，整个体育场掌声雷动。

## 奥运会的奖章和奖状

奥运会的奖章和奖状由每一届奥运会的组委会提供，但属于国际奥委会所有，并且由国际奥委会向获胜运动员颁发。

值得一提的是，奥运会颁发的奖章有个演变的过程。在1896年首届奥运会上，只向各项前两名颁发奖章，而且是冠军得银牌，亚军得铜牌。当时的奖章由法国艺术家夏普伦设计，直径为50毫米。同时，组委会还按照古老的传统，向获胜运动员献花环，第一名的花环用橄榄枝编成，第二名则用月桂叶编制。此外，优胜者还得到大会颁发的奖杯、花瓶等奖品。射击比赛的获胜者最实惠，他们得到短枪和来复枪作为奖品。

到了1904年的第3届奥运会，各项比赛的第一名得到了金质奖章。1907年5月，国际奥委会决定为奥运会奖章制定式样，两年以后对奖章式样做出了如下规定：奖章正面是统一图案，反面可由举办该届奥运会的东道主自行设计图案。但是直到1928年第9届奥运会，奖章正面的图案才正式统一。它采用了佛罗伦萨艺人卡西奥利精心设计的图案，图案为运动场旁边左手执表示胜利的棕榈叶、右手举月桂枝的胜利女神像，运动场上面是奥运会的届数、地点和年代字样。奖章两面都写着“胜利、团结”的字样。奖章的规格也有规定，形状为圆形，直径至少应为60毫米，厚3毫米。第一名和第二名的奖章为至少含银直径量92.5%。第一名奖章的镀金至少为6克纯金，第二名是银牌，第三名是铜牌。

历届奥运会奖章都以此图案和规格为标准。但是，2002年盐湖城冬奥会的奖牌设计有些突破，形状不是规则的圆形，表面也有立体感。

每枚奖牌从设计到最后检验，都要经过20道工序，最后工序包括给奖牌配置缎带。对于奖章和奖状的颁发，根据比赛项目和参加人员性质的不同，也有不同的规定。对个人比赛项目，第一名的奖品为银质镀金奖章和奖状，第二名为银质奖章和奖状，第三名为铜质奖章和奖状。奖章应表示它们所奖的运动项目，并且固定在一条可分的链条或带子上，以便佩挂在运动员颈部。获得第四、第五、第六、第七、第八名的运动员有奖状但无奖章。如果出现并列第一、第二或第三，则并列的每位运动员都得到奖章和奖状。对团体比赛的运动大项和其他运动大项中团体比赛的运动小项，冠军队的队员，凡是在奥林匹克运动会期间至少参加了一场比赛的，每人都被授予1枚奖章和奖状。获第二名的队的每位队员被授予银质奖章和奖状，获第三名的队的每位队员被授予铜质奖章和奖状。这些队的其他队员只发给奖状。获得第四、第五、第六、第七和第八名的队的队员获得奖状。

## 奥运会的颁奖仪式

奥运会的颁奖仪式根据国际奥委会规定的礼仪进行，奖章应由国际奥委会主席（或由他选定的委员）在有关的国际单项体育联合会主席（或其代表）陪同下颁发。如果可能，在每项比赛结束后，立即在举行比赛的场地以下述方式颁奖：获得前三名的运动员身着正式服装或运动服登上领奖台，面向官员席。冠军所站的位置稍高，然后宣布他们的名字。冠军代表团的国旗应从中央旗杆升起，第二名和第三名代表团的国旗分别从紧靠中央旗杆右和左侧的旗杆升起。奏冠军代表团的国歌时，奖章获得者应面向旗帜。奥运会的颁奖仪式庄严、隆重而激动人心，许多运动员望着国旗冉冉升起而禁不住流下眼泪。

## 奥运会的纪念章和证书

为使更多的人热爱奥林匹克运动，弘扬奥林匹克精神，每届奥运会的组委会都要制作纪念章，发给参加奥运会比赛的每一位运动员、教练员，以及裁判员和工作人员，留作纪念。

奥运会纪念章是铜制的，一般为圆形，图案没有统一的规定。以第 23 届奥运会发行的纪念章为例，它的直径为 60 毫米，厚 4 毫米，用精致的蓝色丝绒盒盛装。它的正面是第 23 届奥运会的会徽，下面是表示年代的字样和两支分开的橄榄枝，会徽的上面则是举办地洛杉矶的字样。纪念章的背面是象征光明、团结和友谊的火炬，还有奥运会的届数。除了纪念章外，奥运会组委会还向每个参加者颁发奥运会证书。仍以第 23 届奥运会为例，证书为 210×297 毫米，用一个大信封装着。证书上写着：某某（姓名），对于你在 1984 年洛杉矶奥运会上做出的贡献，表示感谢和奖励。证书的中间是奥运会的会徽，下面是国际奥委会主席、奥运会组委会主席的签名。

根据《奥林匹克宪章》的规定，在冬季奥运会上授予的奖章或奖状必须与夏季奥运会上授予的不同。纪念章和证书不能发给退出奥运会的代表团的成员。如果参加奥运会的运动员被取消比赛资格，他的奖章和奖状必须退回国际奥委会。另外，纪念章的设计图案同奖章一样，其版权属于国际奥委会所有。如果主办国要求转让版权，必须由该国奥运会组委会以书面形式起草必要的文件，并请国际奥委会签字。

## 奥林匹克纪念牌

《奥林匹克宪章》规定，奥林匹克纪念牌发给全体运动员（包括奥运会奖牌获得者）、运动队的官员和其他工作人员、国际奥委会委员和出席奥运会的被国际奥委会承认的国际单项体育联合会主席与秘书长、各个国家或地区奥委会主席和秘书长，以及在国际奥委会规定的名额内，由有关的国际单项体育联合会正式任命的裁判员、计时员、检查员、司线员等，以作为上述人员参加奥运会的纪念。

## 团体成绩排行榜

根据《奥林匹克宪章》的规定，奥运会的比赛是运动员个人之间的比赛，国际奥委会不排定各个国家在世界上的名次，而是由奥运会组委会建立一部记载每个项目的奖章和奖状获得者（前八名）名字的荣誉册，交由国际奥委会保存。另外每个奖章获得者的名字应显著地加以登载，并且在主体育场永久展示。各种媒体所看到的排行榜都是非正式的，这种排行一般有两种标准，一是根据代表团的积分，另一种是根据各代表团所获得的金牌或奖牌数。

## 历届奥运会简况

现代奥运会从 1896 年举办第一届至今，已经举办了 28 届，其中第 6 届、第 12 届、第 13 届奥运会因为第一次和第二次世界大战的原因而停办。下面向大家介绍一下各届奥运会的举办时间及举办地。

第一届奥运会于 1896 年在希腊的雅典举行；第二届奥运会于 1900 年在法国的巴黎举行；第三届奥运会于 1904 年在美国的圣路易举行；第四届奥运会于 1908 年在英国的伦敦举行；第五届奥运会于 1912 年在瑞典的斯德哥尔摩举行；第六届奥运会因为第一次世界大战而被迫取消；第七届奥运会于 1920 年在比利时的安特卫普举行；第八届奥运会于 1924 年在法国的巴黎举行；第九届奥运会于 1928 年在荷兰的阿姆斯特丹举行；第 10 届奥运会于 1932 年在美国的洛杉矶举行；第 11 届奥运会于 1936 在德国的柏林举行；第 12、13 届奥运会因为第二次世界大战而取消；第 14 届奥运会于 1948 年在英国的伦敦举行；第 15 届奥运会于 1952 年在芬兰的赫尔辛基举行；第 16 届奥运会于 1956 年在澳大利亚的墨尔本举行；第 17 届奥运会于 1960 年在意大利的罗马举行；第 18 届奥运会于 1964 年在日本的东京举行；第 19 届奥运会于 1968 年在墨西哥的墨西哥城举行；第 20 届奥运会于 1972 年在德国的慕尼黑举行，第 21 届奥运会于 1976 年在加拿大的蒙特利尔举行；第 22 届奥运会于 1980 年在前苏联的莫斯科举行；第 23 届奥运会于 1984 年在美国的洛杉矶举行；第 24 届奥运会于 1988 年在韩国的汉城举行；第 25 届奥运会于 1992 年在西班牙的巴塞罗那举行；第 26 届奥运会于 1996 年在美国的亚特兰大举行；第 27 届奥运会于 2000 年在澳大利亚的悉尼举行；第 28 届奥运会于 2004 年在希腊的雅典举行。

值得一提的是，第 29 届奥运会将于 2008 年在中国的北京举行。

## 第二节　世界著名的篮球、足球奖项

球类运动可谓是体育运动项目中门类众多的一个，有篮球、足球、羽毛球、乒乓球、排球、网球、高尔夫球、水球、手球、橄榄球等等，数不胜数，而形形色色的球类大奖更是让人看花了眼。我们在这里不可能罗列所有的球类奖项，只能挑选其中几种有代表性的球类，同时挑选出几项比较有代表性的、在国际上比较著名的一些奖项介绍给大家。

### NBA 及其奖项

当今国际篮坛，美国的 NBA（全国篮球协会）篮球联赛可谓是影响力较广、比赛激烈程度强、竞技水平高、人们较为关注的一个赛事了。NBA 所设立的各种奖项，尤其是一年一度的总冠军到底“花落谁家”更是备受全世界球迷的关注。我们在这里主要介绍 NBA 的相关知识及其所设立的奖项。

### NBA 的发展历程

NBA 是国家篮球协会（National Basketball Association）的缩写。它的前身是成立于 1946 年 6 月 6 日全美篮球协会（Basketball Association of America），缩写为 BAA。

1896 年，成立了美国第一个篮球组织——“全国篮球联盟（简称 NBL）”。但当时篮球规则还不完善，组织机构也不健全，常常一名队员在一个赛季中可以代表几个队参赛，经过几个赛季后该组织就名存实亡了。

1946年4月6日，美国波士顿花园的老板沃尔特·阿·布朗发起成立了“美国篮球协会（简称BAA)”，并且首次提出了后来成为现代职业篮球两大基石的高薪制和合同制。高薪制是指职业篮球必须有雄厚的财政支援，这样才能使比赛保持在高水平上以吸引观众。合同制是指一名选手只能与一家俱乐部签订合同，并设立选手储备制，以防球员突然离队时受到损失。这样就已经为美国篮球的发展奠定了基础。在BAA刚成立之初共有11支球队，分别是：波士顿爱尔兰人队、芝加哥公鹿队、克里夫兰反叛队、底特律猎鹰队、纽约力搏队、费城勇士队、匹兹堡铁人队、普罗登斯蒸汽机队、圣路易轰炸机队、多伦多壮汉队、华盛顿首都队。大家可以发现，现在驰骋在NBA球场上的球队已基本没有了BAA时代球队的踪影。到了1947年，克里夫兰反叛、底特律猎鹰、匹兹堡铁人、多伦多壮汉四支球队因故解散。同年，随着巴尔的摩子弹队的加入，BAA的球队总数成为8支。

1949年，在布朗的努力下，美国两大篮球组织BAA和NBL合并为“全国篮球协会（简称NBA)”。布朗也成为其中一支球队波士顿凯尔特人队的创始人。NBA成立时拥有17支球队，分成三个赛区比赛。来自NBL的明尼阿波利斯湖人队依靠身高2.09米的美国第一中锋乔治·迈肯的帮助，获得了NBA第一个赛季的冠军。从1954～1955赛季起，NBA经自然淘汰后只剩下东部联盟和西部联盟两大赛区，其中东部联盟又分大西洋区、中区，西部联盟又分中西区、太平洋区。

为了限制第一中锋迈肯的得分能力，1952年NBA将篮下3秒禁区宽度由原来的6英尺扩大到12英尺；在60年代，为了限制另一位超级中锋张伯伦，NBA又将禁区宽度扩大到16英尺。

由于NBA的球队在比分领先时常采用拖延战术，使比赛不能吸引观众，从1954～1955赛季起，NBA开始实行24秒制，即每队每次进攻不得超过 24 秒。1973 年，美国哥伦比亚广播公司以 2700 万美元买下了 NBA 比赛 3 年播映权，从而使 NBA 比赛首次走上电视；但由于当时还不具备实况转播的条件，所以只能播放录像。

1967 年，一个新的篮球组织 ABA（美国篮球协会）宣告成立，乔治·迈肯任第一位主席。ABA 采用红、白、蓝三色篮球，并实行远投 3 分制，每年还举办扣篮大赛。这些措施在 NBA 是不允许的。但由于经营不善，ABA 于 1976 年被美国 NBA 吞并，从此，NBA 形成了对美国篮球业的垄断。

1979 年起，NBA 开始实行 3 分远投制。为了避免各球队的实力悬殊太大，NBA 建立了每年一度的“新秀选拔制度”，将当年毕业的大学生选手按水平高低排出名次，然后由各俱乐部按当年联赛的最后排名依次挑选；排名靠后者先选，每轮各队只能选择一名，这样就保证了实力最弱的球队能得到水平最高的新秀。选到新星的弱队在新赛季中往往会脱胎换骨。为避免财大气粗的球队用高薪垄断明星球员，NBA 规定了每支球队的工资总额限制。一支球队如用很多钱购买明星，就无力买到其他优秀球员。这一制度保证了最好的明星平均分布在各个球队，使各队实力接近。如果说“高薪制”和“合同制”是 NBA 两大基石，那“新秀选拔制”和“薪金限额制”则确保了 NBA 比赛的激烈和精彩，比赛的不可预测性将众多的美国球迷吸引到了篮球场。

NBA 联赛还实行转会制度，NBA 球员转会不得买卖，只能以人换人。从赛季开始到第 16 个星期四晚 9 时为止，球队可自由交换球员。此后一直到常规赛季结束，各队人员全部“冻结”。NBA 转会是连人带合同一起交换的。

1995～1996 赛季中，NBA 球队首次扩大到美国以外的地方，共有两支加拿大球队，即多伦多猛龙队和温哥华灰熊队加入到

NBA 赛场。如今，温哥华灰熊队搬到了孟菲斯，并且改名为孟菲斯灰熊队。

目前，NBA 联盟总共有 30 支球队，他们分别是大西洋赛区的纽约尼克斯队、迈阿密热队、新泽西网队、费城 76 人队、华盛顿奇才队、奥兰多魔术队、波士顿凯尔特人队；太平洋赛区的金州勇士队、洛杉矶湖人队、洛杉矶快船队、波特兰开拓者队、菲尼克斯太阳队、萨卡拉门托国王队、西雅图超音速队；中部赛区的芝加哥公牛队、亚特兰大鹰队、夏洛特黄蜂队、底特律活塞队、印第安纳步行者队、克利夫兰骑士队、密尔沃基雄鹿队、多伦多猛龙队、夏洛特山猫队；中西部赛区的达拉斯小牛队、丹佛金块队、休斯敦火箭队、犹他爵士队、明尼苏达森林狼队、孟菲斯灰熊队和圣安东尼奥马刺队。

## NBA 赛制

NBA 的比赛分为常规赛和季后赛。常规赛从每年的 11 月初开始，到第二年的 4 月 20 日左右结束；季后赛从 4 月下旬开始一直持续到 6 月中旬产生总冠军为止。我们这里介绍的是在夏洛特山猫队加入 NBA 之前的 NBA 赛制。

NBA 的常规赛比赛采用主客场制，29 支球队在常规赛赛季共要进行 1189 场比赛，每个球队在常规赛中参加的比赛场次数都是 82 场。

不过常规赛中各球队相互间的比赛场数不等。同一联盟且同一赛区的球队之间进行两主、两客，共 4 场的比赛；不同联盟间的球队之间进行一主、一客，共 2 场的比赛；同一联盟不同赛区的两支球队间进行 2 到 3 场比赛，这一比赛数目各队不同，但可保证各队参加常规赛的总场次是 82 场比赛。

常规赛结束后，按照比赛胜率（胜率＝获胜场数/82）的高低排出东、西部联盟的前8名球队，这16支队伍将获得参加季后赛的资格。季后赛首先在东西两联盟内部进行，对阵形式为：第1对第8，第3对第6，第2对第7，第4对第5。季后赛采取淘汰制，第一和第二轮都采用5战3胜制，哪支球队先获得3场比赛的胜利即可淘汰对手。比赛根据2、2、1原则排定主客场，即常规赛排名靠前的球队将获得最先两个和最后一个三个主场的优势(先打两个主场，再打两个主场，最后一场回主场)。

常规赛第三轮（即东、西部联盟决赛）和东西部联盟冠军参加的NBA总决战采用7战4胜制，主客场则根据2、3、2原则排定。

## NBA球员的怪癖

NBA中很多球员，有着五花八门的古怪癖好。像亿万富翁飞人乔丹，在比赛的时候，总要在队裤里套上自己在北卡罗莱纳大学时的队裤，这是乔丹时刻不忘母校对自己的培养，以此激励自己的斗志。

步行者队的天皇巨星雷吉·米勒更怪，一是怪在他在比赛前只吃一块蛋糕而已，二是他要在护腕中放进两枚25美分的硬币。原来他还是中学生的时候，父亲看完他的比赛说："这场比赛你的表演只值50美分。"父亲的话对自尊心极强的米勒来说是一个不小的打击，直到今天，他对父亲这句话还耿耿于怀。

金块队的安东尼·麦克代斯是个最迷信的人，他对"4"这个数字偏爱到了令人吃惊的地步。他在队中是24号，他家的门牌号是114号。这位仁兄在比赛前，要在身上或鞋底上写上"4"字。

步行者队的迈克·杰克逊与老婆十分恩爱，在比赛前，总会把结婚戒指绑在左脚的鞋带上。这样，一方面不会丢失戒指，另一方面激励自己努力进球。

马刺队的后卫约翰逊有个怪脾气，每天下午4点吃晚饭。

76人队的穆罕默德在赛前必须看上一段动画片，并指明要《兔子奔尼》，并且百看不厌。他认为兔子奔尼的一些古怪想法和行为能让他摒弃一切杂念，并以轻松幽默的心态参加比赛。

网队的贾森·威廉姆斯是个性格内向的人，在晚间比赛前的整个下午，他将自己反锁在房间里，任何敲门、电话都不予理睬，他让自己神游于另一片天地。

"野牛"皮蓬比赛前，总要坐在大鱼池边欣赏他的宝贝鲨鱼至少1小时。把鲨鱼作为宠物，是他举世无双的想象。也许，他认为鲨鱼是海洋中的霸王，象征着他在球场上的霸气。

## NBA的奖项设置

### NBA总冠军戒指

获得NBA年度总冠军是每一支NBA球队的梦想。每一年度总冠军球队的成员都将获得一枚总冠军戒指。应该说，获得一枚总冠军戒指是每一位NBA球员的梦想。

每一款NBA总冠军戒指从最初的设计理念到打出模子，再到最后成为熠熠生辉的成品，都要经过75～100人的手工劳动，而每个制作过程所耗费的时间平均要在10个星期左右，有些较为复杂的冠军戒指甚至会花上半年左右的时间才能打造完成。这些戒指均由14K白金制成，而白金的重量都要在2盎司以上。戒指上的钻石更加昂贵，据说1996年公牛队夺冠时的那枚冠军戒指上的每枚钻石都不低于7500美金，而钻石的数量竟达到了76颗之多。

一般情况下，冠军戒指都要在著名的首饰公司打造，而戒指的设计却是集思广益。在公牛队的6款冠军戒指中，其中的5款都是由球队总经理杰里·克劳斯的夫人马蒂尔设计的。回忆起这段不平凡的经历时，马蒂尔说：“当首饰公司邀请我帮助设计1991年总冠军戒指时，我告诉他们，我对体育没有什么兴趣。后来，他们给我展示了以往的NBA冠军戒指，我发现它们就像是一些普通的饰品，毫无高贵典雅的感觉，所以我最后决定要亲手为公牛队设计。”

马蒂尔在珠宝设计上的造诣立刻得到了球员们的普遍认可。这些戒指除了在侧面刻有NBA标志、球员的名字和球衣号码等必备标识外，正面的设计各有新意：1993年的公牛冠军戒指的正面以夺目的钻石作底，上面是人们熟悉的牛头，牛头是使用红石榴石手工雕刻完成的；在公牛队的第6款冠军戒指的正面，雕刻有大小6尊金杯，5尊小的镶在一尊大奖杯的杯柱上，这6尊金杯全部是由钻石做成的。马蒂尔甚至开玩笑说，那颗镶在大杯顶端的钻石足有3/4克拉重，由于它太大，以至于有很多人认为那是颗假钻石。

总冠军戒指各有特色，虽然装饰并不是非常豪华，但是人性化的设计使它具有极大的收藏和纪念价值。通常戒指上有获得总冠军的年份、球队的名称，每个球员的戒指上也都刻有自己的名字，有的还会刻上常规赛、季后赛战绩等夺冠赛季值得纪念的信息。20世纪90年代芝加哥公牛队六次完成霸业时获得的总冠军戒指也都是各有特色，其中1996年的戒指上有72枚宝石围边镶嵌，代表公牛在常规赛中创造72场胜利的历史，同时在右侧还印有“最伟大球队”的标识。1997年的总冠军戒指镶嵌白金牛头戒面，公牛标识中心有46颗水钻，而右侧则印有“世界冠军”和“10年之队”的字样。

由于篮球运动员身材高大，手指也比一般人粗大，所以总冠军戒指体积比普通人想象的要大。比如奥尼尔的戒指就是最大的17号。

下面我们为大家列举几枚 NBA 总冠军戒指：

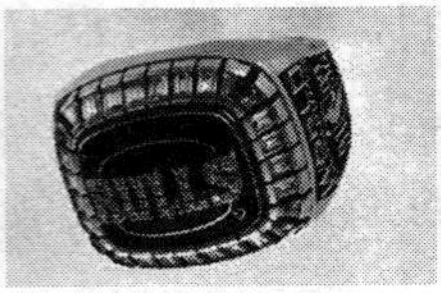

从左到右分别是：①1992 年公牛队 4：2 击败开拓者队蝉联 NBA 总冠军时的冠军戒指；②1994 年和 1995 年火箭队连续两年夺得 NBA 总冠军时获得的冠军戒指；③1997 年公牛队第五次夺得 NBA 总冠军时获得的冠军戒指；④1996 年公牛队 4：2 击败超音速队夺得 NBA 总冠军时获得的总冠军戒指，这是乔丹第一次复出后夺得的首枚冠军戒指。

## 其他一些奖项

**常规赛 MVP（最有价值球员）**

NBA 常规赛最有价值球员，通常简称为 MVP，是由美国国家篮球协会颁发给每年表现最优秀的球员的奖项。首次颁奖在 1955～1956 赛季举行。该奖项的奖杯是为纪念 NBA 首任主席莫里斯·波杜夫而命名的。他从 1946 年到 1963 年为止，为 NBA 服务了 18 年。

**最佳新人奖：**

NBA 最佳新人奖是由美国国家篮球协会颁发给每年 NBA 联赛中表现最优秀的新秀的奖项。首次颁奖在 1952～1953 赛季举行。该奖项的奖杯是艾迪·戈特利布奖杯。

**最佳教练员：**

NBA 最佳教练员是由美国国家篮球协会颁发给每年 NBA 联赛中使球队取得最大进步或者指挥最突出的教练的奖项。首次颁奖在 1962～1963 赛季举行。

**最佳防守：**

NBA 最佳防守球员，是由美国国家篮球协会从 1983 年开始评选的一个个人奖项，由 125 名体育新闻记者评选出当年度最佳的防守队员。每人可以投出一至三名的三张选票。第一名的选票相当于 5 分，第二名的选票相当于 3 分，第三名的选票相当于 1 分。获得总分最高的球员（而不是获得第一名选票最多）当选为当年的最佳防守球员。

2005～2006 赛季，底特律活塞队的本·华莱士以 420 分获得该项荣誉，第二名是圣安东尼奥马刺队的布鲁斯·布朗（308 分），第三名是犹他爵士队的安德烈·基里连科（121 分）。

**最佳第六人：**

NBA 最佳第六人，是由美国国家篮球协会颁发给当年度表现最优秀的替补球员的荣誉。该奖项由篮球记者投票产生。

## NBA 总决赛最有价值球员

是授予在每年度 NBA 总决赛中表现最突出的球员的奖项，通常该奖项都授予获得总冠军的球队的成员。

## NBA 体育运动精神奖（NBA 最具体育道德风尚奖）

体育运动精神奖又被称为“乔·杜马斯奖”，创立于 1995～1996 赛季，由于第一个获奖的球员是当时效力于底特律活塞队的乔·杜马斯，因此而得名。这个奖项是 NBA 专门用于鼓励球员在球场上发扬公平竞争的精神、表现良好的体育道德而设立的，目的就是为了加强球员们的职业素养，培养更加人性化和正直的 NBA 球风。每名参选球员要根据每年轮换的 5 人评选小组和其他 NBA 的球员投票多寡来最终决定能否当选。此奖项会在常规赛结束后同其他个人奖项一样陆续颁发。30 支球队中每支队将递交 1 名球员参与该奖项的竞选，在各自所在赛区胜出的 6 名球员将再从中选出联盟体育道德风尚奖获得者。

## NBA 趣闻

**冠军戒指之最：**

在1957～1969年的13个赛季里，比尔·拉塞尔带领波士顿凯尔特人队获得11次NBA总冠军，他也因此获得11枚NBA冠军戒指，是NBA历史上获得NBA冠军戒指最多的人。

**加时赛之最：**

1951年11月2日，罗切斯特皇家队经过6个加时赛，最终以75比73战胜了印第安纳队。

**三分球纪录：**

NBA历史上，单场比赛个人3分球纪录由魔术队的斯科特于1996年东部决赛中创造。全场比赛，他共投中11个3分球。

单场比赛全队3分球纪录由超音速队在1995～1996年季后赛同火箭队的第二场比赛中创造，共投进20个3分球（出手27次）。

单个赛季中个人3分球命中率最高的是公牛队的后卫史蒂夫·科尔，为52.4%。他获得1996年和1997年NBA远投赛的冠、亚军。

**身材最高和最矮者：**

NBA历史上身材最高的球员是前华盛顿子弹队的曼纽特·博尔（扎伊尔籍）和现役奇才队中锋吉莱赫．缪里森（罗马尼亚籍），均为2.31米；身材最矮的则为现役球员蒂尼·博格斯，仅有1.60米。

NBA **历史上个人得分之最：**

NBA历史上，一场比赛个人得分最高记录是100分，单个赛季个人总得分最高记录为4029分。这两项纪录是在1963年和1962年，均由“天皇巨星”威尔特·张伯伦创造。

**NBA 历史上单场比赛得分之最：**

1983 年 12 月 13 日，底特律活塞队 186：184 战胜了丹佛金块队，创下了 NBA 单场比赛得分之最。

## 大力神杯及足球世界杯其他奖

世界杯赛是国际足球界的一场盛事，是国际上顶级的足球赛事，吸引着全世界球迷的眼光。大力神杯是足球世界杯的最高奖项，代表着极高的荣誉。接下来我们将对大力神杯和足球世界杯做一番简单的介绍。

**世界杯的发展历程：**

现代足球起源于英国，随后便风靡全世界。随着足球运动的发展，国际比赛也随之出现。1896 年，第一届现代奥运会在希腊举行时，足球已被列为正式比赛项目，丹麦以 9：0 大胜希腊，成为奥运会第一个足球冠军。因为奥运会不允许职业运动员参加，到了 1928 年（第九届奥运会）足球比赛已无法持续。

1928 年奥运会结束后，国际足球联盟（简称 FIFA）召开代表会议，在这次会议上决定举办 4 年一次的“世界足球锦标赛”。1956 年，FIFA 在卢森堡召开的会议上，为了表彰前国际足联主席法国人雷米特为足球运动所做出的成就，决定将“世界足球锦标赛”改为“雷米特杯赛”。后来有人建议将两个名字联起来，称为“世界足球锦标赛——雷米特杯”。于是，在赫尔辛基会议上决定更名为“世界足球锦标赛——雷米特杯”，简称“世界杯”。

**大力神杯：**

大力神杯是现今足球世界杯的奖杯，它高 36 公分，重 4.97 公斤，由 18K 纯金铸造。但在世界杯刚刚举办时，奖杯并不是大力神杯，而是雷米特杯。

大力神杯

雷米特杯是1928年由巴黎著名首饰技师弗列尔铸造的，其模特是希腊传说中的胜利女神尼凯，她身着古罗马束腰长袍，双臂伸直，手中捧一只大杯。雕像由纯金铸成，重1.8公斤，高30厘米，立在大理石底座上。为了纪念FIFA世界杯的创始人雷米特会长，把此杯命名为“雷米特杯”。国际足球联合会规定雷米特杯为流动奖品，谁得了冠军，可把金杯保存4年，到下一届杯赛前交还给国际足联，以便发给新的世界冠军。此外有一个附加规定，即哪支国家队能3次夺得世界杯冠军，就可永久拥有雷米特杯。在1970年第9届世界杯赛时，乌拉圭、意大利、巴西都已获得过两次冠军，三个国家只要再获得一次冠军就能永久拥有雷米特杯。结果，巴西国家足球队技高一筹，获得了这届世界的冠军，从而巴西足协将雷米特杯永久收入了囊中。

有趣的是，在二战时期为了避开侵略军，雷米特杯曾经被藏在意大利一房屋的床底下。1966年，在英国召开世界杯之前向平民展览时，雷米特杯也曾被盗过。英国警局出动警力寻找该奖杯，但没有结果。最后，雷米特杯被称为“皮克兹”的狗在郊外的垃圾箱找了出来。

雷米特杯被巴西永久拥有后，国际足联决定为1974年的世界杯比赛制作新的冠军奖杯。当时来自7个国家的多名设计者向国际足球联合会递交了53个不同的设计方案，最终国际足球联合会选择了意大利共和国艺术家西尔维奥·加萨尼加的作品——两个力士双手高擎地球的设计方案。这个造形象征着体育的威力和规模。“大力神杯”的设计者加萨尼加这样描述他的作品：“从基座上延伸出的几条曲线呈螺旋状向上伸展，一直连接到顶部的地球造型。作为雕像主体的两名运动员的形态设计充分展现那令人激动万分的胜利瞬间。”该杯高 36 厘米，重 5 公斤，当时价值 2 万美元。

对于大力神杯，国际足球联合会规定其为流动奖品，无论谁获得多少次冠军，原件不会被任何国家队永久拥有。1974 年以后获得 3 届冠军的国家队可以获得一尊大力神杯的复制品，但原件仍归国际足协所有。

迄今为止，德意志联邦共和国（西德）、阿根廷、意大利、巴西和法兰西共和国 5 个国家捧起过它。1974 年，西德队的队长贝肯鲍尔成为了第一个举起大力神杯的人，上一次捧起它的是 2002 年巴西的队长卡福。

大力神杯的底座上共可刻下 1974～2038 年 17 届世界杯冠军的国家名。换句话说，在 2038 年的世界杯完结之后，大力神杯将会退役，由新一代奖杯取代。

金球奖奖杯

**世界杯金球奖：**

世界杯金球奖是颁发给历届世界杯足球赛决赛阶段表现最优秀的球员的奖项。国际足联首先公布一个 10 人候选名单，然后由媒体代表投票选出前 3 名，分别授予金球、银球和铜球奖。由于该奖项是由阿迪达斯公司出资赞助，因此冠以阿迪达斯的名称。2002 年日韩世界杯赛中，德国的奥利弗·卡恩、巴西的罗纳尔多和韩国的洪明甫分别获得了金球、银球和铜球奖。

**世界杯金靴奖：**

金靴奖奖杯

世界杯金靴奖是国际足联授予每届世界杯决赛阶段进球数最多的球员的奖项。由于该奖项是由阿迪达斯公司出资赞助，因此冠以 Adidas 的名称。在 2002 年的日韩世界杯中，巴西足球队的罗纳尔多以 8 个进球荣获了金靴奖。

**世界杯雅辛奖：**

世界杯雅辛奖是授予每届世界杯上表现最优秀的守门员的奖项。为了纪念前苏联著名守门员列夫·雅辛，国际足联将这个奖项命名为雅辛奖。2002 年的日韩世界杯赛中，德国的门神奥利弗·卡恩荣获了该项大奖。

**世界杯记录大全：**

年龄最大的世界冠军：迪诺·佐夫（意大利）40 岁。

年龄最小的世界冠军：贝利（巴西）17 岁 239 天。

年龄最大的参赛球员：罗杰·米拉（喀麦隆）42 岁零 39 天。

年龄最小的参赛球员：诺曼·怀特塞德（北爱尔兰）17 岁零 42 天。

年龄最大的进球球员：罗杰·米拉（喀麦隆）42 岁零 39 天。

年龄最小的进球球员：贝利（巴西）17 岁 239 天。

第一个进球：劳伦特（法国），1930 年，法国—乌拉圭。

第一个点球：罗萨斯（墨西哥），1930 年，阿根廷—墨西哥。

第一个乌龙球：马努埃尔·罗萨斯（墨西哥），1930 年，墨西哥—智利。

第一个帽子戏法：斯塔比莱（阿根廷），1930 年，阿根廷—墨西哥。

最短时间帽子戏法：基斯（匈牙利），1982 年，匈牙利—萨尔瓦多。

第一位被罚出场球员：加林多（秘鲁）1930年，秘鲁—罗马尼亚。

第一位被罚出场守门员：帕格利乌卡（意大利），1994年，意大利—挪威。

第一张黄牌：洛普切夫（苏联），1970年。

第一张红牌：卡士泽（智利），1974年，智利—西德。

进球最少的最佳射手：内耶德利安（捷克斯洛伐克），1934年。

最快被罚出场球员：何塞·巴蒂斯塔（乌拉圭），1986年，乌拉圭—苏格兰，56秒。

比分最悬殊的比赛：1982年，匈牙利—萨尔瓦多10∶1。

单场进球最多纪录：1954年，奥地利—瑞士7∶5。

最快进球纪录：哈坎·苏克（土耳其），2002年，土耳其—韩国，11秒。

替补上场最快进球纪录：莫拉雷斯（乌拉圭），2002年，乌拉圭—塞内加尔，17秒。

单届进球最多的国家：匈牙利，1954年，27球。

连续4届进球者：贝利（1958年6球，1962年1球，1966年1球，1970年4球）、赛尔勒（国籍1958年1球，1962年2球，1966年2球，1970年3球）。

单届世界杯进球最多射手：方丹（法国），13球，1958年。

单届世界杯头球进球最多射手：克洛斯，5球，2002年。

世界杯进球最多球员：穆勒（德国），14球，1970年10球，1974年4球。

世界杯最多丢球门将：代亚耶亚（沙特），26球，1994年6球，1998年8球、2002年12球。

单场比赛进球最多者：萨连科（俄罗斯），1994 年，5 球，俄罗斯—喀麦隆 6∶1。

单场比赛红黄牌最多：2002 年，德国—喀麦隆，16 张。

比赛场次最多球员：马特乌斯（德国），5 届 25 场，共 2048 分钟。

最长不失球记录：曾加（意大利），1990 年，5 场比赛共 518 分钟不失球。

犯规次数最多选手：马拉多纳（阿根廷），1990 年，53 次。

## 德劳内杯及欧洲足球锦标赛其他奖项

欧洲足球锦标赛（简称欧洲杯）是欧洲足坛的顶级赛事之一，代表了欧洲足球的最高水平，每 4 年举办一次。德劳内杯是欧洲杯的冠军奖杯，也象征着极高的荣誉。

**欧洲杯的发展历程**

1953 年，国际足联在巴黎举行的特别代表大会上批准举办欧洲联赛，1954 年 6 月 15 日，欧洲足球联合会成立。1955 年开始举办欧洲冠军俱乐部杯联赛；1956 年，开始筹备举行由欧洲各国国家队参加的比赛。1958 年，第一届欧洲国家杯（欧洲杯前身）资格赛开始进行。

1960 年，第一届欧洲国家杯决赛阶段比赛在法国举行，共有 16 支代表队参加。决赛最后在前苏联队和南斯拉夫队之间进行，双方 90 分钟内打成 1∶1，最后进入加时赛，前苏联队最终凭借终场前 7 分钟的进球，以 2∶1 险胜南斯拉夫队，夺得冠军。著名球星列夫·雅辛因在这届比赛中的出色表现而声名大振。

1964 年，第 2 届欧洲国家杯决赛阶段比赛在西班牙举行。最后决赛在东道主西班牙队和卫冕冠军前苏联队之间进行。在现场 79115 名观众的大力支持下，西班牙队最后以 2∶1 的比分夺取冠军奖杯。

1968 年，欧洲国家杯正式更名为欧洲足球冠军杯（欧洲杯）。有 31 个国家参加了资格赛。决赛阶段比赛在意大利举行。本届比赛首次实施种子队制度，参加决赛阶段比赛的队伍共分为 8 个组，每组安排一个种子队，小组前两名进入 1/4 决赛。小组赛中，阿尔巴尼亚队大爆冷门，通过加时赛将夺冠热门联邦德国队淘汰。决赛在南斯拉夫队和东道主意大利队之间进行，意大利队最后以 2∶0 获胜。

1972 年，第 4 届欧洲杯决赛阶段比赛在比利时进行。决赛在联邦德国队和前苏联队之间进行，联邦德国队最后以 3∶0 大胜前苏联队夺冠。2 年后，这支队伍又夺得了世界冠军。

1976 年，第 5 届欧洲杯决赛阶段比赛在南斯拉夫举行。决赛在捷克斯洛伐克队和联邦德国队之间进行，捷克斯洛伐克队最终以 4∶3 力克对手，举起了冠军奖杯。

1980 年，第 6 届欧洲杯决赛阶段比赛再次在意大利举行。本届比赛的规程有所变化。规定经过小组赛后，8 支队伍进入下一轮，然后分成两个小组捉对厮杀，每组的第一名将自动获得决赛权。冠军决战在联邦德国和比利时两队之间进行，德国队成为最后的赢家。

1984 年，第 7 届欧洲杯决赛阶段比赛在法国举行。东道主法国队在天才球星普拉蒂尼的率领下一路高歌猛进，并在决赛中以 2∶0 干净利索地击败西班牙队，夺得冠军。

1988 年，第 8 届欧洲杯决赛阶段比赛在联邦德国举行，拥有古力特和范·巴斯藤等足球天才的荷兰队一路势不可挡，他们在决赛中击败前苏联队后第一次举起了冠军奖杯。

1992 年，第 9 届欧洲杯决赛阶段比赛在瑞典举行。因南斯拉夫队退出而获得比赛资格的丹麦队出人意料地杀入决赛，并以

2∶0击败德国队夺冠。

1996年，第10届欧洲杯决赛阶段比赛在英国举行，此前，共有史无前例的48个国家参加了资格赛。16个进入决赛阶段比赛的队伍被分为4个小组，小组前两名晋级。决赛首次以“金球”决出胜负，德国队最后凭借比埃尔霍夫的一个进球第二次夺冠。

2000年，第11届欧洲杯决赛阶段比赛由荷兰和比利时联合承办。世界冠军法国队在决赛中凭借一个金球获得冠军，成为首支获得世界杯后又再次获得欧洲杯冠军的球队。

2004年，第12届欧洲杯决赛阶段比赛由葡萄牙承办。由于“黄金一代”领衔的东道主葡萄牙队在决赛中一球不敌本届杯赛大黑马希腊队，饮恨而归。希腊队首夺欧洲杯。

**德劳内杯**

德劳内杯是欧洲足球锦标赛（欧洲杯）的冠军奖杯，为纪念欧足联首任秘书长法国人亨利·德劳内对欧洲杯足球赛所做出的巨大贡献，奖杯以其姓氏命名。

德劳内杯外形别致，由巴黎的阿瑟·伯特兰德于1960年设计制作，当时造价为20251法郎，全银制作，目前估价约合22500欧元。奖杯连底座重8公斤，净高42厘米，连底座高50厘米，奖杯上面用法文雕刻着“欧洲国家杯足球锦标赛”字样和“亨利·德劳内杯”的小一号字。冠军球队的队长们都可以很轻松地把它举过头顶。

德劳内杯

每届欧洲锦标赛的冠军将被授予亨利·德劳内杯，但这座奖杯本身只属于欧足联。冠军队只可以拥有一尊标明“复制品”字样、且大小不超过原奖杯 4/5 的复制奖杯留作纪念。只有连续 3 次获得欧锦赛冠军头衔、或总共获得 5 次冠军头衔的国家才得以拥有原物大小的亨利·德劳内奖杯。至今尚没有一支国家队能够达到上述标准，夺冠次数最多的是 3 次登顶的德国队（包括 1991 年之前原联邦德国队获得的冠军）。

在 2008 年的欧洲杯上，将使用全新的奖杯，这是欧足联专门为欧洲足球锦标赛定做的。新奖杯仍然是由纯银打造，名字仍然以德劳内命名。与旧奖杯相比，新奖杯高了 18 公分，重了 2 公斤。新奖杯从外形上看，奖杯的上半部没有任何改动，但下半部分有所改动，新奖杯是由设计师阿斯普里·伦敦所设计而成，更具现代感，奖杯的背面刻有历届欧洲杯冠军队的名字。之所以要使用新的奖杯，欧足联主席约翰松对此的解释是：“原来的那座奖杯年头已经很久了，多年以来一直在各地方之间运来运去，保管的并不是很妥善，所以已经损坏得很厉害。一个更新、更有现代感的奖杯将更吸引人。”

## 世界足球先生

“世界足球先生”的评选是由国际足联在 1991 年创办的，德国球星马特乌斯当选首届“世界足球先生”。近年来，这项评选的影响力已经超过了历史悠久的英国《世界足球》的“世界足球先生”评选，当选者也成为举世公认的“世界足球先生”。

“世界足球先生”由各国家队主帅投票选出，每人可以选 3 人，但不能选择自己执教的国家队的成员（比如说济科可以给里瓦尔多投票，但不能选中田英寿）。第一选择的球员可以得 5 分，第二选择的球员得 3 分，第三选择的球员得 1 分。

# 第三节　世界著名羽毛球奖项

## 羽毛球汤姆斯杯

汤姆斯杯是世界上最高水平的男子羽毛球团体赛——汤姆斯杯羽毛球赛的冠军奖杯，代表着世界男子羽毛球团体项目的最高水平。

汤姆斯杯

汤姆斯杯由英国著名羽毛球运动员汤姆斯捐赠，杯高 28 厘米，包括把手的宽距为 16 厘米，由底座、杯形和盖三部分构成，在盖的最上端有一个运动员的模型。此杯的前部雕刻有这样的词句："乔治·汤姆斯·巴尔特于 1939 年赠送国际羽毛球联合会组织的国际羽毛球冠军挑战杯"。据说此杯在伦敦用白金铸成，当时价值 5 万英镑。

汤姆斯的全名为乔治·汤姆斯，是英国著名的羽毛球运动员，多次获得英国羽毛球冠军。他曾连续 4 次获得全英羽毛球锦标赛男子单打冠军，9 次男子双打冠军，6 次混合双打冠军。他 21 岁开始获得冠军，并且年年有冠军入账，他最后一次拿冠军时已 41 岁。1934 年 7 月国际羽联成立时，他被推选为第一任主席。

1939 年，汤姆斯在国际羽联会议上提出要组织一项世界性男子团体的羽毛球比赛，并表示将为这一比赛捐赠一个奖杯，称为"汤姆斯杯"。此建议得到大会的赞同，但由于第二次世界大战的爆发，原定 1941 年前后举办的这项杯赛被耽搁下来。二战结束后，国际羽联终于在 1948 年至 1949 年间，在苏格兰举办了第一届汤姆斯杯赛，马来西亚获得冠军，成为第一个把名称刻在汤姆斯杯上的国家。值得一提的是，汤姆斯杯为流动杯，每次比赛的冠军队将“汤姆斯杯”带回本国，保留到下届“汤姆斯杯”比赛开始为止。

从 1982 年起，该项团体赛改为每 2 年举办一届，而且赛制也从以往的两天 9 场 5 胜（5 单 4 双）改为一天 5 场 3 胜（3 单 2 双）。中国羽毛球男队在 1982 年首次参加了在英国伦敦举行的第 12 届汤姆斯杯决赛阶段的比赛。最后的决赛在中国和七次夺冠的印尼队之间展开。面对技术全面、打法凶狠，比赛经验丰富的印尼队，中国队在第一天的比赛中显得过于拘谨，没能充分发挥自己的特长，失误较多，印尼队以 4∶1 领先的比分结束了第一天的比赛。在关键的第二天比赛中，中国队及时总结经验，鼓足勇气，知难而上，奋力拼搏，终于连胜四场，奇迹般地扭转了败局，最后以 5∶4 的比分击败了印尼队，夺得了第 12 届汤姆斯杯，登上了世界冠军的宝座。世界舆论称：“中国队获得汤姆斯杯的冠军标志着世界羽毛球运动一个新时代的开始。”从 1986 年开始，中国队连续夺得第 14、15、16 届汤姆斯杯赛的冠军，创造了我国羽毛球运动历史上“汤姆斯杯三连冠”的纪录。

## 羽毛球尤伯杯

尤伯杯赛是当今世界羽毛球最高水平的女子团体赛，有时又被称为“世界女子羽毛球团体锦标赛”，尤伯杯是其冠军奖杯。在 1956 年第一届比赛时只有 11 个国家和地区参加，到 1996 年参赛国家和地区已达到了 47 个。如同汤姆斯杯一样，尤伯杯在 1982 年以前是每 3 年举行一次，比赛采用七场四胜制；自 1984 年开始改为每两年一届，采用五场三胜制。

尤伯杯是贝蒂·尤伯夫人捐赠的。她是英国30年代著名女子羽毛球选手，在1930年至1949年间，她曾多次夺得全英羽毛球锦标赛的女子单打、女子双打和混合双打比赛的冠军。尤伯夫人退役后仍对羽毛球运动情有独钟，为推动羽毛球运动的发展，她在1956年的国际羽联理事会上，正式向国际羽联捐赠由麦皮依和维伯制作的纪念杯，即现在的尤伯杯，并亲自主持了第一届尤伯杯比赛的抽签仪式。

尤伯杯高18厘米，有地球仪样的底部，在球体顶部有一羽毛球样模型。此模型的上端站着一名握着球拍的女运动员。尤伯杯底座的周围雕刻着这样的词句："尤伯夫人于1956年赠送国际羽毛球联合会组织的国际女子羽毛球冠军挑战杯。"

虽说羽毛球运动起源于英国，而且汤、尤杯赛都是由英国人发起的，国际羽联主要领导人也多是英国人，可英国羽毛球队却没有夺得过一次汤、尤杯赛的奖杯。倒是美国姑娘在前三届来了个"三连冠"。自1966年的第4届起，尤伯杯就一直留在了亚洲。其中，日本和印尼队各获得5届和3届。1984年中国女子羽毛球队首次参加尤伯杯赛就以其高超的技艺、快速多变的打法，以5∶0的相同比分，分别击败印尼、日本、丹麦、韩国和英格兰等强手，一举夺得第10届尤伯杯赛冠军，第一次登上了世界女子羽毛球团体冠军的宝座。从1986～1994年的9年间，中国女子羽毛球队又连续夺得11、12、13、14届的冠军，创造了尤伯杯历史上"五连冠"的优异成绩。但在1994年和1996年，尤伯杯连续两届由一代"羽后"王莲香挂帅的印尼队夺得。1998年，中国女队又将阔别4年的尤伯杯夺回，并在2000年2002年2004年蝉联了尤伯杯。

## 羽毛球苏迪曼杯

苏迪曼杯是世界男女羽毛球混合团体锦标赛的冠军奖杯，为纪念印尼羽毛球联合会前主席迪克·苏迪曼先生对羽毛球事业做出的贡献，国际羽联决定将世界羽毛球混合团体赛奖杯命名为“苏迪曼杯”。

迪克·苏迪曼先生（1922～1986 年）是印度尼西亚一位将毕生的精力奉献给羽毛球运动的“赤子”，是印度尼西亚的“羽毛球之父”。苏迪曼从 10 岁就开始系统地学习羽毛球，后曾多次获得印尼各种羽毛球比赛的冠军。1951 年，在苏迪曼先生的积极倡导下，印尼羽毛球协会正式诞生，苏迪曼本人被选为该协会首任主席。此后，他连续 22 年当选印尼羽协主席；1973 年他被选为国际羽毛球联合会理事，1975 年出任国际羽毛球联合会副主席，直至 1986 年去世。

苏迪曼杯是一个镀金银杯，由印尼万隆工学院学生鲁斯南迪雕刻。奖杯是一个羽毛球造型，在基座上雕刻了举世闻名的古迹婆罗浮屠佛塔的造型，整个奖杯高 80 厘米，宽 50 厘米，重 12 公斤。

苏迪曼杯赛与汤姆斯杯赛（世界男子羽毛球团体锦标赛）和尤伯杯赛（世界女子羽毛球团体锦标赛）同为国际羽毛球联合会主办的三大羽毛球团体赛事。苏迪曼杯与汤姆斯杯、尤伯杯不同的是，这项比赛是检验各国和地区羽毛球运动整体水平的赛事，采用五场三胜制，进行男女单打、男女双打和混合双打五个单项的角逐。苏迪曼杯赛每 2 年举行一次，逢双数年是汤、尤杯赛，单数年为苏迪曼杯赛。有意思的是，苏迪曼杯比赛安排在与世界锦标赛同一时间和地点举行（先进行苏迪曼杯比赛，紧接着进行世界锦标赛）。

第一届苏迪曼杯赛于1989年5月在印尼的雅加达举行，东道主印尼队凭借天时、地利、人和的主场之利，在决赛中以3∶2战胜韩国队，成为第一个苏迪曼杯的得主。

前三届中国队一直未能摆脱第三名的命运，始终不能进入决赛。在1995年举行的第4届苏迪曼杯比赛中，中国队终于战胜重重困难，冲破层层阻碍，首次捧回了苏迪曼杯，第一次获得了世界男女羽毛球混合团体锦标赛的最高荣誉。在此后的第5届、第6届上，中国队又两次蝉联苏迪曼杯。

## 第四节　世界著名乒乓球奖项

世界乒乓球锦标赛是国际乒乓球联合会主办的一项高水平的世界乒乓球大赛，具有广泛的影响力。1926年12月，在国际乒联正式成立的同时，第一届世界乒乓球锦标赛在英国伦敦举行。比赛共设男子团体、男子单打、男子双打、女子单打和混合双打5项。实力雄厚的匈牙利队包揽了全部5项冠军。从第2届瑞典斯德哥尔摩锦标赛开始增设女子双打比赛项目；从1933年举行的第8届巴黎锦标赛开始增设女子团体赛。1940年第14届乒乓球锦标赛由于第二次世界大战而被迫推迟，1947年在法国巴黎继续举办了第14届乒乓球锦标赛。在1928年到1939年、1947年到1957年期间，世乒赛都是每年举行一次，从1959年的第25届开始改为每2年举行一次。从第45届开始，世乒赛的单项和团体比赛分开进行。

由上面的介绍我们知道，世乒赛共设有7个正式比赛项目，并且每一项目都设有专门奖杯，每座奖杯都是以捐赠者的姓名或国名命名的。下面我们就来一一介绍这七座奖杯。

从左至右分别为斯韦思林杯、马赛尔·考比伦杯、圣·勃莱德杯、吉·盖斯特杯、伊朗杯、波普杯和兹·赫杜塞克杯

## 斯韦思林杯

“斯韦思林杯”是世乒赛男子团体冠军奖杯，是由前英国乒乓球协会主席、国际乒乓球联合会首任主席伊沃·蒙塔古先生的母亲、同时也是前任国际乒乓球联合会名誉主席斯韦思林女士所捐赠的。据说该奖杯是从蒙塔古家存放银器的仓库里选出来的。此杯在第一届世乒赛就开始设立。

根据国际乒联规定，每届世乒赛男团冠军获得者和队名都将被刻在斯韦思林杯的底座上。

## 马赛尔·考比伦杯

世乒赛女子团体冠军杯称“马赛尔·考比伦杯”。从 1934 年第 8 届世界乒乓球锦标赛开始，增设女子团体赛项目。这届比赛在法国巴黎举行，主办国法国乒协主席马赛尔·考比伦先生捐赠了以他的名字命名的奖杯，并作为女子团体赛的优胜奖杯。

## 圣·勃莱德杯

世乒赛男子单打冠军奖杯称“圣·勃莱德杯”。在 1929 年的第 3 届世界乒乓球锦标赛上，英国运动员弗·佩里获得了单打冠军。当时的英格兰乒协主席伍德科先生为了表彰佩里的成绩，同时表彰培养佩里的圣·勃莱德乒乓球俱乐部，捐赠了以圣·勃莱德命名的奖杯，并作为男子单打比赛的冠军奖杯。

### 吉·盖斯特杯

吉·盖斯特杯是世乒赛女子单打冠军的奖杯。1931 年第 5 届世界乒乓球锦标赛在匈牙利的布达佩斯举行。作为东道主的匈牙利乒乓球协会主席吉·盖斯特在锦标赛中，捐赠了以他的名字命名的吉·盖斯特杯，并作为女子单打冠军的奖杯。

### 伊朗杯

伊朗杯是世乒赛男子双打冠军的奖杯。1947 年在巴黎举行第 14 届世界乒乓球锦标赛，伊朗国王捐赠了以伊朗国名命名的奖杯，作为男子双打比赛的优胜奖杯。

### 波普杯

世乒赛女子双打冠军奖杯是波普杯。在 1948 年在伦敦举行第 15 届世界乒乓球锦标赛中，当时的国际乒联名誉秘书伟·杰·波普捐赠了以他的名字命名的奖杯，作为女子双打比赛的优胜奖杯。

### 兹·赫杜塞克杯

世乒赛男女混合双打冠军奖杯叫兹·赫杜塞克杯，是由原捷克斯洛伐克乒协秘书兹·赫杜塞克先生捐赠的。

以上所介绍的 7 个奖杯都是银质的，且都是流动的，获胜者只在奖杯上刻上自己的名字。各项冠军获得者可保持该奖杯到下一届世乒赛开赛前，然后交给新的世乒赛再争夺。唯有男女单打冠军，如连续 3 次获得“圣·勃莱德杯”或蝉联 4 次“吉·盖斯特杯”，则由国际乒联制作一个小于原奖杯一半的复制品，永远由获得者持有。

## 第五节 网球四大满贯赛事及其奖杯

### 温布尔登网球公开赛

温布尔登网球公开赛是现代网球史上最早的比赛，由全英俱乐部和英国草地网球协会于 1877 年创办。首次正式比赛在该俱乐部位于伦敦西南角的温布尔登总部进行，名为“全英草地网球锦标赛”。首届比赛只设男子单打，冠军奖杯叫“挑战杯”。从创办至今，温布尔登网球公开赛已有一百多年的历史了，其间由于两次世界大战停赛 10 次。

在 1879 年，温布尔登网球公开赛增加了男子双打，1884 年增加了女子单打，1899 年又增加了女子双打和混合双打；到了 1901 年才接受外国选手参赛，当时只限于英国自治领地的小国参加，1905 年正式开放，美、法等国选手才跨海而来参加比赛。

温布尔登网球公开赛标识

1922 年进行了两项改革，一是修建可容纳 1.5 万观众的中央球场，二是废除了“挑战赛”，从这一年起要取得冠军，男子必须从第一轮打起，连胜 7 场比赛，女子必须连胜 6 场比赛。1968 年国际网联同意职业选手参加该项比赛，同时组织者还募集到了巨额奖金，以吸引全世界一流好手参加，故竞技水平逐年提高。

凡夺得各个单项比赛第一名的，立即会成为世界知名人物。

该赛事于每年 6 月最后一周至 7 月初定期举行，已经形成了传统，参加资格是按前一年在各种重大比赛中获胜的得分累计而确定的。温布尔登网球锦标赛奖金逐年提高，1984 年男子单打冠军奖金为 10 万英镑，女子单打冠军为 9 万英镑。1985 年男单冠军奖金为 13 万英镑。1987 年男单冠军奖金为 15.5 万英镑。1991 年男单冠军为 24 万英镑，女单冠军为 21.6 万英镑；连第 1 轮遭淘汰选手也可获得一笔奖金，男子 3600 英镑，女子 2790 英镑。高额奖金使温布尔登网球锦标赛具有极强的吸引力，使这项锦标赛活动百年不衰。

## 澳大利亚网球公开赛

澳大利亚网球公开赛是四大公开赛中最迟创建的赛事。第一次比赛是在 1905 年墨尔本的威尔霍斯曼板球场举行的。其中，男子比赛创建于 1905 年，女子比赛始于 1922 年，刚开始举办比赛是使用草地网球场，到 1988 年才改为硬地网球场。1968 年，国际网球职业化后它被列为四大公开赛之一。在 1972 年，这项赛事为了吸引更多的观众，定在了澳大利亚的大城市墨尔本举行。随着比赛规模的不断扩大，比赛场地的设施需要随之进行改进，“碎片公园”体育场也就应运而生。这个多动能的运动中心 1988 年 1 月完工，同年成功举办了 1988 年福特澳大利亚网球公开赛。而后在 1995 年又进行了改进，1996 年 1 月 29 日“碎片公园”体育场正式改名为“墨尔本公园”。

墨尔本公园中心球场可以收回屋顶，拥有 15021 个座位、露天练习球场 19 块、室内练习球场 4 块。澳大利亚的墨尔本市，由于时值当地盛夏，气候酷热而使比赛场地温度高达 60℃，球员体力消耗大，发挥不出水平，影响比赛的圆满结束。这些问题如不能妥善解决，其公开赛的地位很难保住。由于是硬地网球场，所以打法全面的选手可以占到一定的优势：不仅有利于底线抽击，也适合发球上网；既适于打上旋球下旋球，也适合吊高球和放短球。

澳大利亚公开赛的总奖金高达 620 万美金，其中男单冠军的奖金为 36 万美元，这是它在四大公开赛中占有一席之地的原因之一。

## 美国网球公开赛

美国网球公开赛始创于 1881 年，首届比赛是在纽波特的一个赌场里进行的，现在那里是国际网球名人堂所在地。当时只是国内赛事，而且只有男子单打。女子比赛始于 1887 年。每年的 8 月底至 9 月初，在美国纽约举行比赛。1968 年被列为四大公开赛之一，设有男单、女单、男双、女双和混双 5 个单项的比赛，是每年四大公开赛中最后举行的大赛。

获得美网男、女单打冠军者都可以得到 35 万美元的奖金。美网的总奖金也是“四大公开赛”中最高的。美国网球公开赛在“四大网球赛”中，以奖金最多而闻名。现在的美国网球公开赛的奖金总额已经到达了 1500 万美元，参赛人数也已超过 500 人。

由于美国网球赛的地位和高额奖金，以及中速硬地场地，吸引了众多好手参加。据《世界网球》杂志统计，1989 年美国公开赛设计的金钱往来总额高达 1 亿美元。

## 法国网球公开赛

法国网球公开赛始创于 1891 年，开始时只限于法国人参加，在 1925 年以后对外开放，成为公开赛。时至今日，法国网球公开赛已有百年的历史了，在这一百多年的时间中，除了两次世界大战被迫停赛 11 年外，其余的年份都是每年举行一届。一般在每年的 5 月至 6 月举行，是每年第二个进行的网球大满贯赛事。法国公开赛规定每场比赛采用 5 盘 3 胜淘汰制，所以，一场比赛打上 4 个小时是司空见惯的。在这样的球场上，花这么长的时间去打一场比赛，球员要有超群的技术和惊人的毅力才行。法国网球公开赛与温布尔顿锦标赛一样，在世界网坛上享有盛名。

法网的男子单打冠军奖杯叫“火枪手杯”，女子单打冠军奖杯叫“苏珊·朗格朗杯”。

火枪手杯

苏珊·朗格朗杯

## 第六节　世界著名高尔夫球奖项

### 美国名人赛及其奖项

美国名人赛，又称美国大师赛，是世界高尔夫的顶级赛事之一，和英国公开赛、美国公开赛、美国 PGA 锦标赛并称为国际高尔夫四大赛事。

美国名人赛诞生于 1934 年。当时美国高尔夫历史上最伟大的人物鲍比·琼斯在退役后和亲友们在刚落成的奥古斯塔球场上面打了一场比赛，自那时起，这一球场成了美国名人赛的诞生地和永久性故乡。

美国名人赛在第一届时的名字是奥古斯塔邀请赛，因为鲍比·琼斯认为“名人”这一字眼未免有些妄自尊大，有失高尔夫球手应有的涵养与谦恭。但奥古斯塔球场从存在的第一天起，其本身就是超凡脱俗的名士们的小天地，琼斯后来也就不再坚持他个人的意见。自 1938 年起，奥古斯塔的比赛正式采用“名人赛”这一名称。半个多世纪之中，世界各地陆续举办过，有些亦形成每年一度的重要传统赛事，也称为不同名目的“名人赛”，但与美国名人赛相比，依然是小巫见大巫。

美国名人赛在国际高尔夫界具有比较大的影响力，很多人都认为它是世界高尔夫球比赛中最重要的一项。与四大赛事中其他三个相比，美国名人赛具有以下三个比较鲜明的特点：首先，美国名人赛是四大赛中唯一的纯邀请赛，并无及格赛；美国名人赛也有特殊的参赛规定与俱乐部委员会独立自主的邀请决定。其次，美国名人赛目前是四大赛中总奖金和冠军奖金最高的，1997 年总奖金为 250 万美元，冠军奖金 48.6 万美元；1998 年分别达到了 300 万和 55 万美元。第三，美国名人赛是四大赛中唯一场地固定的比赛，每年 4 月均在奥古斯塔高尔夫俱乐部举行，并由其主办。奥古斯塔球场被公认为美国和世界上最好的球场，为世界上一流的高尔夫选手提供了一个公平竞争的平台。

美国名人赛设立了很多奖项，冠军获得者的名字将被刻在俱乐部里的永久性名人赛奖杯上，同时将得到一座纯银的名人赛奖杯复制品和一枚金质奖章和绿上衣；亚军获得者的名字也将被刻在俱乐部里的永久性名人赛奖杯上，同时将得到一个银质奖章和银托盘。另外，打出日最低杆数的选手会得到一个水晶杯；一杆进洞的选手会得到一个水晶碗；打出老鹰击的将获得一对高脚水晶杯；双鹰击的将获得一个大水晶碗等。

## 英国公开赛及葡萄酒壶杯

英国公开赛的全称是英国公开锦标赛，由皇家古代高尔夫俱乐部主办。英国公开赛是四大赛之一，它的地位很高，因为它是高尔夫史上最古老的也是最负声望的大赛。从规模来看，它是四大赛中参赛人数最多的一个。从总奖金来看，英国公开赛 1997 年总奖金 160 万英镑（约合 220 万美元），1998 年 175 万英镑，略低于其他三项四大赛。然而世界高尔夫界中相当一部分有识之士始终将英国公开赛视为四大赛之首。以有“世纪选手”美称的杰克·尼克劳斯为例，1959 年尼克劳斯年仅 19 岁，作为业余球手第一次飞越大西洋赴英参加英国公开赛，可惜未打进决赛。但是他 1960 年第二次参赛（仍为业余身份）就夺得亚军。他整个高尔夫球生涯中共 3 次夺得英国公开赛冠军，8 次获亚军，3 次获季军，3 次获殿军，共 20 次进入前 10 名。1997 年他已 57 岁，第 36 次参加英国公开赛，成为英国公开赛有史以来参赛次数最多的选手，仍能获得第 60 名（293 杆），拿到 5750 英镑奖金，实属难能可贵。这也说明英国公开赛是一年一度世界高尔夫球坛的一大盛事。

早在 1856 年的美国普雷斯特维克高尔夫俱乐部传统十月会议上就提出了要举办英国公开锦标赛的意向。直到 1860 年才在普雷斯特维克举行了第一届。当时只有 8 人参赛，在 12 洞球场上打三轮。

英国公开赛始终都是杆数赛，1892 年举行的第 32 届起由打 36 洞改为打 72 洞至今。1860～1972 年的比赛均在普雷斯特维克举行，以后比赛地点不断更换，但都选择在苏格兰和英格兰的几家著名球场举行，它们是圣·安德鲁斯、皇家穆赛尔堡、穆菲尔德、皇家圣乔治、皇家利物浦、皇家特隆恩、皇家利桑和圣安妮斯、皇家比克代尔和特恩贝里等。

英国公开赛在最初的几届里，冠军的奖品是一条制作精致的扣环的冠军皮带。汤姆·莫里斯由于1868～1870年三连冠，按照赛事规则，1870年将冠军皮带就从此归他个人所有了。由于缺少奖品，1871年英国公开赛停办。1872年，圣安德鲁斯皇家古代高尔夫俱乐部、普雷斯特维克高尔夫俱乐部和爱丁堡高尔夫球员贵友联合会联合捐赠了一个葡萄酒壶，作为英国公开赛的奖杯，也就是现在举世闻名、让众多球星们向往的葡萄酒壶杯。它与足球的大力神杯（世界杯）并列为“世界体育史上十大奖杯”。

1927年，当波比·琼斯在圣安德鲁斯夺冠后，皇家古代俱乐部赛会宣布葡萄酒壶杯将被永远收藏在俱乐部中，以后颁给冠军的奖杯将是复制品。奖杯的主人每年都会变化，没有人能永远保留它，但是许多冠军都很希望保留这个一生中最重要的荣誉象征，因此往往私下复制奖杯作为个人收藏品。

## 美国公开赛及其奖项

1895年10月4日，美国高尔夫协会在罗得岛Newport高尔夫乡村俱乐部的9洞球场，举办了第一届的美国公开赛。

第一届美国公开赛在当时被视为在同一时间、同一球场所举办的美国业余赛之余兴节目。这两项比赛本来是排定在9月份举行，但因为与Newport当地最大的运动盛事美国杯快艇赛的比赛时间冲突，所以只好延迟到10月才举行。

第一届美国公开赛中，共有10位职业选手与1位业余选手参加了这项36洞的竞赛，在一天内刚好绕球场4次。比赛结果出现一位意外的冠军：年仅21岁的Horace Rawlins，是一位来自英国的职业选手，同时也是举办球场的助理。他使用古塔胶球打出的成绩是91～82，总杆数173。比赛总奖金为335美元，冠军获得了 150 美元的奖金。除了奖金外，还附赠一块金牌，而他所属的俱乐部可以保留公开赛冠军奖杯一年。可惜的是，美国公开赛的奖杯在 1946 年的一场大火中被烧毁，现在的冠军奖杯只是复制品。

在美国公开赛前 10 年内，它的参赛对象大都为业余选手，还有从英国移民来的多位职业选手。当美国选手开始称霸比赛之后，美国公开赛慢慢演变为一项世界级的高尔夫比赛。年轻的 John J· McDermott 在 1911 年赢得美国公开赛后，成为第一位美国本土选手。他在 1912 年卫冕成功，连获两次冠军。

从 1913 年开始，美国公开赛受到众人注目。在 1954 年，美国公开赛第一次在梯台到果岭之间围上绳索，同时也是比赛第一次作全美国电视实况转播。在 1977 年，ABC 体育电台扩大比赛转播，使观众可在电视上看到最后两回合 18 洞的实况；在 1982 年，ESPN 有线电台首次转播美国公开赛前两回合赛况；在 1995 年，NBC 电台开始转播美国公开赛 。

美国公开赛比赛方式已更改了好几次。1898 年，美国高协将比赛扩大至 72 洞，在两天比赛时间内一天打 36 洞。在 1926 年，比赛方式又改成前两天各打 18 洞，第三天打 36 洞的方式。1965 年则开始采用现在的一天打 18 洞的方式，自那时起一直沿用至今。

## 美国 PGA 锦标赛

美国 PGA 锦标赛是四大赛之一，创立于 1916 年。PGA 锦标赛在四大赛中奖金总额列第二位，冠军奖金额仅次于美国名人赛，列第二位。每年 8 月举行，是四大赛的最后一项。1916～1957 年采取比洞赛方式，1958 年至今采取比杆赛方式。

当美国职业高尔夫协会在 1916 年成立时，他们所做的第一件事就是创办了此赛事，选拔在巡回赛中的优秀球手参加，并且由纽约商人 Rodman Wanamaker 捐赠了巨大的奖杯。

自创办之年起，PGA 锦标赛即以比洞赛的形式进行，至 1923 年就已成为当时最重要的比洞赛。当年的 Walter Hagen 是此赛事的英雄，创下了 1924～1927 年的“四连冠”纪录。

至 50 年代后期电视在美国普及时，因比洞赛的比赛时间过长，因此未能在电视转播中获得优势，遂在 1958 年由组织者将比洞赛形式改为四轮 72 洞比杆赛，并一直沿用至今。

虽然此赛是每年最后一个大赛，在声势上较其他大赛弱，但其许多冠军皆成为高尔夫球坛的杰出人物。在 1995 年由苏格兰的 Colin Montgomerie 和澳大利亚的 Steve Ellington 同时创下了四大赛历史中的最好成绩——267 杆。

该项赛事的冠军将得到一笔数额可观的奖金和一座奖杯。

## 第七节　其他一些国际著名体育奖项

和球类奖项一样，我们也只能挑选其他体育奖项中几个有代表性的奖项介绍给大家。

### 杰西·欧文斯奖

杰西·欧文斯奖是美国国内的田径最高荣誉奖，是为了纪念美国黑人田径明星、现代奥运史上伟大的运动员、曾在 1936 年德国柏林奥运会上获得 4 枚田径金牌的美国黑人选手杰西·欧文斯，由美国田径协会在 1980 年设立的；每年颁发一次，用于表彰年度最佳的美国男女田径运动员。

此外，国际上还有一个杰西·欧文斯奖，这是由国际业余田径协会创设的，并已经更名为“美国—国际田径奖”。

## 小资料：杰西·欧文斯其人其事

杰西·欧文斯（1913～1980年）是美国著名的男子田径运动员，同时也是现代奥运史上最辉煌的田径明星之一。

欧文斯出生在美国南方一个贫苦的家庭里，祖父是奴隶，父亲是一个小佃农。在小时候欧文斯就很有运动天赋，喜欢足球及橄榄球。上中学期间，他曾在一次中小学生田径运动会的100米跑比赛中以9秒4平了世界纪录，跳远达7.60米。他被俄亥俄州立大学看中录取，资助奖学金，并由著名教练员斯尼特尔对他进行了系统的训练。1935年在安阿伯举行的全美大学生运动会上，因在45分钟内5次打破4项世界纪录、平1项世界纪录而轰动体坛。同时其创造的跳远8.13米成绩保持达到25年之久。他于柏林奥运会前创造的100米10秒2的手计时世界纪录保持了21年。在1936年第11届奥运会上，他在11万观众面前夺得了100米、200米、跳远、4×100米接力4项金牌，平、破奥运会记录12次，成了本届奥运会最辉煌的人物。

1937年，欧文斯大学毕业，1955年担任美国国务院负责体育运动的大使级官员。但奥运会后，欧文斯也因生活所迫，曾进行与狗、马和摩托车赛跑的表演。1976年，国际奥委会授予欧文斯银质奥林匹克勋章。1980年，欧文斯因病去世。在他去世当年，欧文斯被欧美各报体育记者评为20世纪最佳运动员。1999年6月在国际体育记者协会成立75周年纪念活动中，欧文斯被评为“20世纪25名最佳运动员”之一。同年12月14日，由美联社推举的国际奥林匹克运动权威人士组成的评选小组，评选欧文斯为20世纪夏季奥运会10名男子最佳运动员之一。

## 劳伦斯世界体育奖

劳伦斯世界体育奖是现今唯一一个全球性的体育奖项，在全球体育界具有举足轻重的地位，经常被人称为体育界的“奥斯卡”。在拉丁语中，劳伦斯是桂冠的意思，在体育界桂冠也就意味着胜利。

劳伦斯奖由戴姆勒克莱斯勒和里希蒙两家大公司在 2000 年创办，每年评选一次，用于表彰、奖励在过去一年中表现突出的体育运动员。在戴姆勒克莱斯勒和里希蒙巨大财力的支持下，劳伦斯已发展成一个世界著名的品牌，其主要包括三个综合部分，形成了一项独特的资产：1. 劳伦斯体育基金会；2. 劳伦斯世界体育学会；3. 劳伦斯世界体育奖。

劳伦斯体育奖杯

劳伦斯世界体育奖共设立了 9 个奖项，分别是年度最佳男运动员奖、年度最佳女运动员奖、年度最佳体育队伍奖、年度最佳新人奖、年度最佳复出运动员奖、年度最佳残疾运动员奖、年度最佳极限运动员奖、终身成就奖和公益体育基金奖。

在 9 个奖项中，其中的年度最佳男运动员奖、年度最佳女运动员奖、年度最佳体育队伍奖、年度最佳新人奖、年度最佳复出运动员奖等 5 个奖项，由世界体育媒体评选团和劳伦斯世界体育学会选出。评选要经过两个阶段的投票。首先由来自世界上 75 个国家的主要体育媒体约400名记者组成评选团，为每个奖项提名5个候选对象。候选对象产生后，劳伦斯世界体育学会选出获奖对象。体育学会是由各体育项目中最杰出的并已退役的明星运动员组成，每名成员的背后都有一串辉煌的历史性成绩，这大大提高了劳伦斯奖的分量。前中国乒乓球名将邓亚萍就是该体育学会的成员。我国的体育运动员姚明和刘翔分别获得了2003年和2005年的年度最佳新人奖。

年度最佳极限运动员奖和年度最佳残疾运动员奖由专家评选产生，其中年度最佳极限运动员奖由全球主要极限运动记者组成的评委会投票产生，年度最佳残疾运动员奖由国际残疾人奥委会的执行委员会投票产生。始创赞助方和劳伦斯世界体育学会还颁发另外两个奖项，即劳伦斯终身成就奖和公益体育基金奖，以表彰那些通过体育为社会做出的巨大贡献的人。

每个劳伦斯奖项的得主将获得一尊劳伦斯雕像，五大洲的人们聚在一起发扬体育的真谛，这被刻在雕像的底座上。雕像高30厘米，重2.5公斤，每尊雕像含有670克白银和650克黄金。

劳伦斯奖颁奖是唯一的年度全球体育奖电视节目，节目直播到全球170多个国家，超过10亿人收看。

时至今日，劳伦斯奖已不再是一个单纯的世界最优秀运动员的评选活动了，劳伦斯体育公益基金会还开创了一系列的慈善事业。该基金有选择地在世界范围内设立和开展社会公益项目，除每年给予各个项目四五万美元的资金支持外，还请体育学院的宿将担任基金会的形象大使，利用他们的明星效应，激励走上邪路或处在困境中的青少年改邪归正和积极进取，并帮助解决各种社会问题。基金会经常引用的一句话是南非前总统曼德拉的“体育拥有改变世界的力量”。目前基金会在世界五大洲多个国家和地区开展了20个社会公益项目。

## ESPY 年度卓越体育表现奖

“ESPY 年度卓越体育表现奖”是由 ESPN（娱乐体育电视网）在 1993 年设立的奖项，每年评选一次，以表彰在全年体育领域内取得突出成绩的个人、集体，以及重温发生在这一年中的一些值得回忆的经典比赛时刻，由于与 ESPN 有这种血缘关系，所以在最初命名时有意与 ESPN 靠近。

ESPY 年度卓越体育表现奖设立有最佳女运动员奖、最佳男运动员奖、最佳球队奖、最佳教练奖、最佳突破运动员、最佳男子足球运动员奖、最佳 NBA 球员奖、最佳女子网球运动员奖、最佳男子网球运动员奖、最佳女子田径运动员奖、最佳男子田径运动员奖、最佳车手奖、最佳职业棒球球员奖、最佳女子高尔夫球手奖、最佳男子高尔夫球手奖、最佳男子大学生运动员奖、最佳时刻奖、最佳比赛奖和最佳体育电影奖等奖项，全部由 ESPY 学院评出。

# 第六章　国外著名的建筑、工业设计奖项

## 第一节　世界著名的建筑奖项

### 普利兹克建筑奖

普利兹克建筑奖是世界上最著名的建筑奖项，被称为“建筑界最重要的奖项”或“建筑界诺贝尔”。获得普利兹克建筑奖是许多建筑师毕生的梦想，获得该奖就意味着获得了很高的终身荣誉。

普利兹克建筑奖由凯悦基金会在1979年设立，每年颁发一次，授予一位从事建筑设计工作的建筑师，以表彰其在建筑设计创作中所表现出的才智、洞察力和献身精神，以及其通过建筑艺术为人类及人工环境方面所做出的杰出贡献。获奖者都将得到10万美元的奖金、一份证书和一个铜制奖章（从1987年起），而在1987年之前用的是限量发行的亨利·摩尔的雕像。在短短的二十几年时间里，普利兹克建筑奖迅速崛起，成为建筑界公认的至高无上的奖项。难怪在国际建筑界内流传着一种说法，即“普利兹克奖像一架选拔建筑大师的机器，目光犀利，下手精准，一旦获得终生受益。”著名的美籍华人建筑师贝聿铭曾在1983年的第5届普利兹克奖评选中拔得头筹，荣获大奖。

在国内，我们经常把“普利兹克建筑奖”译成“普利策建筑奖”，但事实上“普利兹克建筑奖”与“普利策奖”毫无关系。

普利兹克建筑奖是以普利兹克家族命名的一个奖项，该家族集团总部设在芝加哥，以乐于资助教育、社会福利、科学、药物和文化活动等公益事业闻名；而普利策奖是美国一种多项的新闻、文化奖金，由美国著名的报纸编辑和出版家约瑟夫·普利策出资设立。

普利兹克建筑奖的评奖程序和奖品设置以诺贝尔奖为蓝本，评审程序截止时间是每年 1 月，每年大约有来自 47 个国家的 500 多人被提名，由来自世界各地的知名建筑师及学者组成评审团评出一个个人或组合奖。应该说，每年普利兹克建筑奖的获奖者都是评委会经过严格挑选，在众多候选作品中脱颖而出的，评奖过程也相当公正公平。

关于普利兹克奖的评选过程，我们这里还有一个有趣的小故事。在 1988 年普利兹克奖评选之前，评审团主席接到一个匿名电话，电话那头的人问是否所有的人都有权对评奖提名，主席回答“是的”，电话里的人于是报了自己的名字——“戈登·邦夏”。这位年过半百、毛遂自荐的建筑师后来成为当年普利兹克奖的得主。在此之前，他只是一名在 SOM 建筑师事务所主持项目的普通从业人员，虽然曾经设计过利华大厦、玻璃摩天楼、耶鲁大学善本书图书馆和沙特阿拉伯国家商业银行等优秀建筑，但因作品都以 SOM 的名义发表，作者本人默默无闻。从这个故事中，我们也能看出普利兹克奖评选过程的公开性和公正性：只要作品优秀，就有可能获得该奖。

而事实上，绝大多数的普利兹克建筑奖获奖者也的的确确是名副其实的。从第一届得主菲利普·约翰逊（1979 年）开始，到凯文·罗奇（1982 年）、丹下健三（1987 年）、雷姆·库哈斯（2000 年），勾勒出一条影响深远的现代主义和后现代主义的建筑思潮脉络。它能打破地域偏见，三位日本人和两位拉丁美洲建筑师的入选，显示了评选范围的全球性特征。出生于巴格达的女建筑师扎哈·哈迪德（2004 年）的登场，在一定程度上弥补了普利兹克建筑奖在性别取向上的一些遗憾；而对弗兰克·盖里（1989 年）的关注，足以表明它的前瞻性和远见性：当时盖里只在美国西海岸做过一些美学冒险性建筑，其一生中最伟大的作品毕尔巴鄂古根海姆博物馆尚未出现；但后来的事实证明，弗兰克·盖里确实能够为世界创造惊人的建筑。

2004 年伊拉克女建筑师扎哈·哈迪德摘得大奖，评委会对其的评价为“她用动感的线条和策略为建筑及其周围环境开创了一个崭新的局面，她的每一件作品都是大胆创新的，她的能力和理想足以证明她的未来十分光明……”61 岁的汤姆·梅恩因为其“大胆的建筑风格超越了传统形式与材质的界限，超越了现代主义和后现代主义的边界……”而获得了 2005 年普利兹克奖。普利兹克奖评委会给予 2006 年得主洛查的评语是：“他用一些简单的材料，譬如混凝土和钢材，超越了建筑材料所能应用的极限。”

纵观二十几年来普利兹克奖的获奖资料，我们可以从中看出几个有趣的特征。首先，创新和环保是普利兹克奖永恒的主题，这无论从材料、设计上均能体现；而“不拘一格”选拔人才也是一种创新。其次，普利兹克奖所涵盖的面十分广阔。从南北美洲到大洋洲，再到欧洲和亚洲，世界上许多国家都能从中央到地方受益。第三，美国、英国和日本是获得普利兹克奖次数最多的三个国家。到目前为止，美国建筑师共 8 次荣获普利兹克奖，英国和日本则分别获得了 3 次。

**联合国教科文组织建筑奖金**

联合国教科文组织建筑奖金设立于 1968 年，由联合国教科文组织总委员会主办，主要授予在国际建筑师联合会举行的评奖竞赛中取得优胜的人，用以鼓励在城市建筑、城市规划及有关环境问题方面有杰出贡献的人们。凡联合国教科文组织成员国建筑专业的学生、教师都有申请这一奖励的资格。联合国教科文组织建筑奖金的奖品包括一笔3000美元的奖金和一张证书，在每3年一次的国际建筑师联合会上颁发。

## 国际建筑奖

国际建筑奖创立于1957年，每年颁发一次，创办单位为比利时全国住宅学会。该奖旨在奖励在住宅设计领域取得卓越贡献的人，获奖候选人必须是职业建筑师，而且必须是欧洲共同体成员国国民，获奖建筑也必须在欧洲共同体成员国国家内。该奖由两项奖组成，一个为单家住宅设计奖，另一个是公寓楼房设计奖。每项奖均包括一笔125000比利时法郎的奖金和一份证书。

### 小资料：联合国教科文组织

联合国教科文组织在1945年11月16日成立，总部设在巴黎，它通过促进各国间教育、科学和合作，为世界和平与安全做出贡献。主要活动包括召开各种专业和专门会议，开展国际交流与合作，为会员国提供咨询、培训等。联合国教科文组织的工作分教育、自然科学、社会科学、文化和交流几个方面。截止到1999年10月19日，联合国教科文组织有188个会员国，中国是教科文组织创始国之一。根据1971年10月29日教科文组织执行局第88届会议通过的决议，中华人民共和国政府为中国在该组织中的唯一合法代表，1972年10月中国派代表团出席了第17届大会。1975年中国向教科文组织派出常驻代表团。

# 第二节　世界著名工业设计大奖

## 工业论坛产品设计奖

德国的工业论坛产品设计奖（简称 iF）有“设计界奥斯卡奖”之美誉，已经被国际公认为当代工业设计领域中的“金像奖”，是公认的全球设计大赛中最重要的奖项之一。

该奖于 1954 年在德国创立，至今已经有 50 多年的历史。工业论坛产品设计奖以振兴工业设计为目的，提倡设计创新理念，注重工业设计当中的人性化要素。每年由德国历史最悠久的工业设计机构汉诺威工业设计论坛定期举办。如今，iF 奖已经成为产品工业设计的鉴定标准之一；能获得 iF 认证的产品，意味着其工业设计不同凡响，是非常杰出的设计产品。iF 大赛有三个环节：工业设计，环境设计以及以软件和多媒体为代表的交感互动设计。它们都以 iF 理念为原点，构筑了一个多元的设计空间。

该奖每年从获得 iF 认证的产品中再精心挑选出金质奖约 25 名，银质奖约 50 名。iF 拥有一个常设性展示馆，坐落于德国汉诺威国际展览场（也就是主办全球最大计算机展——CEBIT 的展览场），得奖厂商在该展场将享有为期 7 个月的展出机会。十分著名的设计，如五彩 imac 电脑、IBM ThinkPad 和宝马（BMW）Z4 都是这个奖项的得主。

汉诺威工业设计论坛，简称“iF”，成立于 1953 年，现今已享有十分高的国际声誉，被国际公认为当代工业设计领域中的一流设计机构，尤其是它的设计竞赛更是全球闻名。在展示优秀的产品设计的同时，汉诺威工业设计论坛还鼓励精彩的合作设计，奖励设计领域中有杰出成就的个人，并组织特殊展示和展览。

## 红点奖

德国的红点奖是世界上规模最大的设计奖，它与上面所介绍的德国 iF 奖齐名。红点奖是建立在一个令人引以为豪的、拥有 50 年悠久历史的一个设计奖。如今，每年都有来自 40 多个国家、超过 4000 名的选手来角逐红点奖，一些杰出的行业产品设计、传播设计因其达到设计品质的极高境界而被授予“红点至尊奖”。

红点奖具有如此强的国际影响力，以致不少人甚至认为这才是工业设计业界最尊贵的奖项。产品要获得红点至尊奖，必须拥有杰出的产品设计、良好的视觉效果，以及极高的品质。

## 工业设计优秀奖

美国的工业设计优秀奖（简称 IDEA），创立于 1980 年，由美国《商业周刊》主办，美国工业设计协会联办，美国工业设计协会负责颁发奖项。设立该奖项的目的在于鼓励商业界和公众更多地认识优秀的工业设计给生活质量和经济带来的影响。

虽然该奖只有短短二十几年的历史，但其发展却十分迅速，影响力也日益增强，目前已成为影响力不亚于德国 iF 大奖的一个工业设计大奖。作为美国主持的唯一一项世界性工业设计大奖，自由创新的主题在评奖过程中得到了很好的体现和突出。IDEA 对于作品的考察标准全面而合理，设计上的革新、用户方便，客户利益、用户见解和材料与产品环境一致性作为硬性的标准贯彻执行。

IDEA 的作品不仅包括工业产品，而且也包括包装、软件、展示设计、概念设计等，包括 9 大类、47 小类；评判标准主要有设计的创新性、对用户的价值、是否符合生态学原理，以及生产的环保性、适当的美观性和视觉上的吸引力。

## 优良设计奖

日本的优良设计奖设立于1957年，至今已有近五十年的历史。优良设计奖的前身是优良设计选拔制度（简称为G—Mark系统），由日本国际贸易及产业部举办。自1957年以来每年都会选出最杰出的设计作品，是世界上最为专业的产品设计评价奖项之一。1998年4月更名为优良设计奖，由日本产业设计振兴会主办。

优良设计奖以“通过设计推动生活水平提高和产业进步”为宗旨，其目的是从产品与设备的层面上挑选出“优良的设计”，然后再向社会大众推荐。

优良设计奖包含产品设计类、建筑与环境以及新领域三大类。评判的标准不仅注重外形的美观，同时也顾及产品的各种基本要求，如功能、品质、安全以及带给我们生活品质的创新贡献。人们期待的是人、产品与环境三者之间更好、更和谐的关系，优良设计奖就是从社会与文化的角度，公正评选和表扬产业界产品的潜在设计能力，从产品、行销与消费者三个层面激励工业界进行产品的改良以造福人类的社会生活。

G—Mark就是指获得优良设计大奖后经授权使用在商品上的“G”字标志。“G—Mark”是“高品质”、“高可用性”、“高稳定性”的代名词。G—Mark最初是因知识产权问题而设立的，但现在却已经成为日本乃至全世界优秀工业设计作品的标志。G—Mark在亚洲具有十分强大的影响力，除了日本之外，韩国、中国台湾等国家和地区也有着类似的体系。这也是相应地区最为权威的工业设计奖项。优良设计奖一直追求的目标是将产业与生活完美结合并形成相互促进的循环模式。从优良设计奖设立以来，这一目标一直很好地促进了亚洲地区工业设计领域的迅速发展。迄今为止，已有25000种产品获此殊荣，其社会价值已被广泛认同。

# 第七章　国外著名的学术奖项

## 第一节　世界著名的文学奖项

### 美国纽伯瑞大奖

约翰·纽伯瑞是英国著名的出版家，生于1713年，因开创了现代英美儿童文学的发展道路而被誉为“儿童文学之父”。他编写并出版了世界上第一本专门的儿童书《美丽的小书》，开办了世界上第一家专门的儿童读物印刷厂、第一家专门的儿童书店，崇尚“快乐至上”的儿童教育理念。

纽伯瑞大奖是由美国图书馆学会的分支机构美国图书馆儿童服务学会于1922年为纪念纽伯瑞而创设的奖项。得奖者必须是对美国儿童文学有杰出贡献的人，并以美国公民及永久居民为限，自1922年起每年颁发给前一年度最杰出的美国儿童图书作者。它与“国际安徒生奖”齐名。“纽伯瑞奖”每年颁发一次，颁奖对象为上一年出版的英语儿童文学作品；每年颁发金奖一部、银奖一部或数部。

纽伯瑞奖的历史十分悠久，对美国和世界的儿童文学都有极大的影响。凡获纽伯瑞奖的书籍，皆被列入少年必读之书籍。其题材包罗万象，内容除了针对儿童的恐惧、悲伤、幻想、幽默、冒险等心理层面做巧妙的设计之外，也蕴含了对全球人类以及自然万物的关怀。

## 国际安徒生文学大奖

国际安徒生文学大奖又称“汉斯·克里斯蒂安·安徒生奖”。著名丹麦作家安徒生以撰写出无数生动的童话而闻名全世界。国际安徒生文学大奖是由国际儿童图书评议会这个世界性的儿童文学组织于 1956 年创设的奖项，一直被视为儿童文学领域最高的国际荣誉，常被称为“小诺贝尔奖”。该奖项由 IBBY 提名，再经由儿童文学专家组成国际评委会选出。

丹麦女王 H·R·H·玛格丽特二世是这个奖项的赞助人。这个奖每两年一次，授予一名作家和一名插图画家，表彰他们以其作品为儿童文学做出的持久贡献。获奖者会获得金色奖章和证书。此殊荣被视为对儿童文学作家之国际性的最高肯定。获此殊荣作家的作品具有很高的文学艺术价值。

## 美国国家图书奖

美国国家图书奖是国际文学界一个重要的奖项，在美国乃至全球都具有相当大的影响力，被一些人誉为出版界的“奥斯卡”。

该奖项是由美国出版商协会、美国书商协会和图书制造商协会于 1950 年 3 月 16 日联合设立的，设立这个大奖的目的是为了提升大众对优秀美国文学作品的认识，并在整体上促进阅读风气，到目前为止已经成功举办了 55 届。

目前，美国国家图书奖主要分为小说奖、非小说奖、诗歌奖和青年文学奖四大类。每类奖项分别由一个小组负责评选，每个小组由包括一名主席在内的 5 人组成，其中主席由国家图书基金会选出。每类作品都将选取最佳的 5 本入围最后大奖的角逐，同时每类奖项的最终获奖者将得到 1 万美元的奖金和一尊铜像，其他 16 位提名者也将获得 1000 美元的奖金和一枚奖章。

值得一提的是，在美国国家图书奖的历史上，其名称曾发生过变化，在1979年就曾一度被美国图书奖所代替，另外所涵盖的奖项类别也发生过变化。1964年后，美国国家图书奖的非小说奖被进一步划分为文艺、历史与传记、科学、哲学与宗教类最佳作品奖；在1965年又增加了翻译作品奖；儿童文学奖在1969年被增加进国家图书奖的评奖范围内；1972年开始颁发当代事务、当代思想、当前热点等最佳作品奖；在1980年曾进一步区分小说的精装本及平装本最佳作品奖；为了鼓励新人，国家图书奖还增设了处女作小说奖。但是从1984年开始，美国国家图书奖所涵盖的奖项骤然减少，到如今只剩下固定的小说奖、非小说奖、诗歌奖和青年文学奖这四类奖项。

在1989年，美国国家图书奖的理事会决定设立美国国家图书基金，以扩大该奖项在文学领域的影响力，同时提高美国人民对优秀作品的文学鉴赏力与文化修养。事实证明，该基金的设立对国家图书奖起到了很好的促进与引导作用，同时也扩大了该奖项在美国乃至全球的影响力。

## 普利策奖

“普利策奖”是我们比较熟悉的一个奖项，它是一个多项新闻和文化艺术奖，由美国著名记者和报纸经营人约瑟夫·普利策于1917年在哥伦比亚大学创办，以奖励为美国的新闻、文学、戏剧和音乐事业做出杰出贡献的人。20世纪70～80年代时，普利策奖已经发展成为美国新闻界和文学界的一项最高

普利策奖牌

荣誉奖，现在不断完善的评选制度已使普利策奖被视为全球性的一个奖项。

普利策从1868年开始从事新闻工作，他的一生对美国报纸的发展有着较大的影响，被人们誉为创办现代美国报纸的先驱者和示范者。普利策在生前（1903年）立下了遗嘱，决定将财产捐赠给哥伦比亚大学以兴办哥伦比亚新闻学院和建立普利策奖金，用以奖励新闻界、文学界、音乐界的卓越人士，哥伦比亚大学董事会负责掌管普利策遗赠的基金。普利策当初遗赠的基金为50万美元，后来基金管理机构又筹措了100多万美元。

第一次普利策奖在1917年颁发，以后每年评选一次。普利策奖的文学奖中包括小说奖、表演剧本奖、美国历史奖、传记与自传奖、诗歌与大众非小说奖，每项都颁发奖金3000美元，每年春季颁发。普利策新闻奖的评选对象是“每日、星期日出版或者每周至少出版一次的美国报纸”，以及发表于其上的作品。与普利策奖的其他奖项不同，新闻奖获奖人无须具备美国国籍，但参赛作品必须是发表在每周最少出版一次的美国报纸上。普利策新闻奖共包括14项，即公众利益服务奖、现场新闻报道奖、调查性报道奖、解释性报道奖、独家专题报道奖、全国性事务报道奖、国际性事务报道奖（包括联合国在内）、特稿写作奖、评论奖、文艺批评奖、社论写作奖、评论性漫画奖、突发新闻摄影奖、特写摄影奖。每位获奖者将获得7500美元的奖金，但获得公众服务贡献奖的报道没有奖金，获奖的报社将得到一枚普利策金牌。

普利策奖由包括哥伦比亚大学校长、知名的报纸编辑或发行人在内的16人组成的普利策奖金评选委员会负责评选，评选始于每年年初，提名名单将被送至普利策奖委员会的秘密小组进行审议，最终小组委员会向全体委员提出获奖名单。得奖结果一般都是在每年的4月中旬的一天由哥伦比亚大学校长宣布，颁奖典礼在5月份举行。

## 英国布克奖

布克奖是英国年度最重要的书籍文学小说创作奖，主要用以奖励每年最佳的以英文写作的小说作品。

布克奖创立于1968年，由英国国家图书协会颁发，并且得到了布克公司的赞助。每年评选、颁发一次，授予当年出版的最佳长篇小说。由出版商从当年出版的长篇小说中选出候选书目推荐给评委会，评委会在10月份公布有望获奖书目，并在11月评奖并颁奖。布克奖的得主将得到1万英镑的奖金。最近，布克奖又专门为翻译家们设立了一个奖金为1.5万英镑的特别奖项，以奖励那些把其他文字的文学作品翻译成英语引入国内的翻译家们。

在经历了近40年的成长后，布克奖已成为英国国内最重要的文学大奖之一，其影响已不仅仅局限在文学界，更涉及了影视界。入围布克奖的和布克奖的最终得主不仅能成为国际畅销作家，其小说更有机会被改编成为电影或电视影集。

## 法语文学大奖——龚古尔文学奖

龚古尔文学奖是法国最重要的文学奖，是法国文学的风向标，也是世界上较有声望的几个文学奖之一。

早在1874年，法国自然主义小说家埃德蒙·德·龚古尔（1822～1896年）为了纪念他早逝的弟弟于勒·德·龚古尔（1830～1870年），在遗嘱中规定用他们的遗产作为基金，成立龚古尔学院，并指定福楼拜、左拉、都德等10名好友作家为第一届院士。有意思的是，为了保证院士们能不偏不倚地进行评选，龚古尔在其遗嘱中规定每位院士可享有一栋住宅和一份保障生活的年金。由于埃德蒙到1896年才去世，这份名单后来有所变动。1902年，龚古尔学院成立；1903年1月11日，龚古尔文学奖获得批准；1903年2月26日举行了第一次会议，决定设立5000法郎的奖金，奖励当年出版的最佳长篇小说、最佳短篇小说集、最佳想象性散文作品。1903年12月21日龚古尔文学奖第一次颁奖，之后每年颁发一次，用以奖励当年发表的小说作品，旨在鼓励青年作家，注重作品思想的新颖和形式的独特。

第一届龚古尔文学奖设立了5000法郎的奖金，后来奖金改为50法郎，奖金仅仅成为一种荣誉，但即使如此，龚古尔文学奖仍然是众多人所追求的梦想。另外，虽然龚古尔文学奖的奖金十分微薄，但是获奖者的作品发行量往往会大增。如杜拉斯的《情人》（1984年）本来售出25万册，但在获得龚古尔文学奖后其销量就上升到了100万册。

有趣的是，由于龚古尔学会的委员中没有一位女性委员，这一点引起了广大女作家们的不满。由22位《幸福生活》杂志（现在改名为《女性》杂志）的女作家发起，成立了一个“女性文学奖”（也音译为“费明那奖”）。费明那奖的评审委员会由清一色的10位女性评委组成，评选出当年的最佳作品，并于每年11月的第一个星期三公布。但女性文学奖自成立后，评选出的最佳作品很少是女作家的作品。

龚古尔文学奖是法国最著名的文学大奖，在世界范围内都有很大的影响力。另外法国还有很多其他的文学奖项，难怪有人评论说，从没有哪个国家像法国这样有如此多的文学奖，也从未有哪个国家文学奖的颁发像法国这样如此集中。法国总共约有1150种大大小小的文学奖项，每年的10月底到11月是法国文学奖的主要颁奖时期。其中“勒诺多奖”设立于1926年，初衷是与

"龚古尔文学奖"争一高低，现在已分别评选；"梅迪西奖"设立于 1958 年，评选范围较广，除评选法国的小说外，还评选外国的小说；"妇女文学奖"设立于 1904 年，专门评选女性作者的作品，评委也都是女性。

## 西班牙语文学大奖——塞万提斯奖

塞万提斯奖是一项国际性文学奖，在西班牙具有十分重大的影响力，被誉为是西班牙语世界的"诺贝尔文学奖"，由此也能看出其地位和影响力。

塞万提斯奖是为纪念西班牙著名作家、小说《堂·吉诃德》的作者米格尔·塞万提斯，由西班牙文化部在 1976 年设立的，每年评选一次。设立该奖也是为了表彰杰出的西班牙语作家，因此该奖在一般情况下会轮流颁发给西班牙作家和拉美作家。

塞万提斯奖的评奖委员会由西班牙政府文化部长主持，成员包括西班牙皇家语言学院、拉丁美洲西班牙语国家语言学院或文学院院士代表及该奖历届获奖者。每年的 12 月，塞万提斯奖都将产生年度得主，但一直到第二年的 4 月 23 日（这一天也是塞万提斯逝世的纪念日和莎士比亚的诞辰纪念日）才举行塞万提斯奖的颁奖典礼。颁奖典礼在塞万提斯故乡的阿卡拉大学举行，西班牙国王会亲自对获奖者颁奖。现在塞万提斯奖的奖金为 5 百万比塞塔（超过 9 万欧元）。在塞万提斯奖颁奖那天，来自世界各地的人们会在颁奖地通宵达旦地朗读《堂·吉诃德》，因此联合国将这一天定为世界读书日。

有趣的一点是，塞万提斯奖原本有项不成文的惯例，即获得诺贝尔文学奖的就不列入塞万提斯奖的评奖范围，如 1977 年的西班牙诺贝尔文学奖得主文森特·阿莱克桑德雷·梅洛和 1982 年的哥伦比亚诺贝尔文学奖得主加西亚·马尔克斯都没有获得本奖。直到1995年才由1989年的诺贝尔文学奖得主西班牙人卡米洛·何塞·塞拉开创下了先得诺贝尔文学奖又获得塞万提斯奖的先例。

## 俄语文学大奖——高尔基文学奖、斯米尔诺夫—卜克文学奖

高尔基文学奖由俄罗斯文化基金会及“文学学习”出版之家联合设立，该奖包括5部分奖项，它们分别是小说方面的“福玛·高尔杰耶夫”奖；历史随笔、地方志方面的“俄罗斯游记”奖；小说处女作方面的“马卡尔·楚德拉”奖；评论方面的“不合时宜的思想”奖；诗歌方面的“春天的旋律”奖。该奖在每年的10月底颁发，每名得主将获得3万卢布的奖金。

俄罗斯卜克文学奖创始于1992年，系俄语文学界年度最佳作品传统权威奖项。1999年起受俄罗斯斯米尔诺夫酒业公司赞助，更名为斯米尔诺夫—卜克文学奖。

## 日语文学大奖——芥川奖、直木奖

芥川奖、直木奖是日本文学最权威的奖项，有日本文坛“奥斯卡”之美誉，分别奖励纯文学与通俗文学作品。

“芥川龙之介奖”，简称芥川奖，是日本文学振兴会（财团法人）颁发的一个大奖，成立于1935年，是为纪念日本文学大师芥川龙之介（1892～1927年）而设立的。芥川奖主要颁给发表于各报刊杂志（包括同人杂志）的纯文学短篇作品中的最优秀作品（不采用投稿应征方式），以无名作家及新人作家为主要的评奖对象。奖品奖金是一块怀表和一笔100万日元的奖金。

芥川奖每年颁奖两次，上半年度（12月1日～5月31日发表的作品）的一次评选在7月中旬进行，颁奖典礼则在8月中旬，获奖作品会登载在《文艺春秋》9月号上；下半年度（6月1日～

11 月 30 日发表的作品）的一次评奖在第二年的 1 月中旬进行，颁奖典礼在 2 月中旬，获奖作品将被登载在《文艺春秋》3 月号上。

直木奖是为了纪念日本知名作家直木三十五而于 1935 年设立的，和芥川奖一样都为日本国内乃至世界上重要的文学类大奖之一。每年评选两次，每半年由评委会从各报纸杂志上发表的无名作家和新作家作品中选出一至二篇，直木奖得主也将获得一笔 100 万日元的奖金。

## 德语文学大奖——毕希纳文学奖

毕希纳文学奖由德国语言与文学学院于 1923 年创立，以德国历史上著名的革命者和剧作家格奥尔格·毕希纳的名字命名，每年颁发一次，主要颁发给对当代德语文学做出优异贡献的一位作家或诗人，获奖者将得到一笔 4 万欧元的奖金。

毕希纳文学奖在德国具有很高的地位和很大的影响力，同时毕希纳文学奖还被认为是诺贝尔文学奖重要的风向标之一，很多获得该奖的人也同时获得了诺贝尔文学奖。德国作家海因里希·伯尔、君特·格拉斯、奥地利女作家耶利内克等德语国家诺贝尔文学奖得主都曾夺得过德国的毕希纳文学奖。

## 其他著名的文学奖项

除了以上几个文学大奖外，世界上还有许多文学类奖项，下面我们再简单介绍其中几个比较著名的。

**国际图书博览会“大金鹰奖”**

为每年 5 月在法国尼斯举行的国际图书博览会上最重要的奖。1970 年开始颁发，由国际评定委员会评选，授予任何国籍的作家的作品集。奖金为 3 万法郎。

**国家文学艺术奖**

前苏联最重要的文学奖之一，设于1966年，奖金为5000卢布，分文学、音乐及音乐会演出、造型艺术、舞台艺术、电影、建筑等项，后来增设儿童文学作品奖。苏联解体后，成为俄罗斯国家文学奖。

**爱尔兰都柏林文学奖**

该奖项设立于1996年，获奖者将获得10万英镑的奖金，是世界上奖金最高的小说奖。

## 第二节　世界著名数学奖项

### 菲尔兹奖

菲尔兹奖是著名的世界性数学奖，也被人誉为“数学中的诺贝尔奖”。这一大奖在1932年的第9届国际数学家大会上设立，1936年首次颁奖，并以已故加拿大数学家、教育家J·C·菲尔兹的姓氏命名。之后，由于第二次世界大战的原因，直到1950年才召开第11次国际数学家大会，并第2次颁发了菲尔兹奖。而第10次菲尔兹奖本应在1982年颁发，但由于大会举办地点波兰华沙当时政局不稳，国际数学家大会延迟到1983年召开，并颁发了第10次菲尔兹奖。

J·C·菲尔兹1863年生于加拿大的渥太华，曾任美国阿勒格尼大学和加拿大多伦多大学教授。菲尔兹的主要成就在于他对数学事业的远见卓识、组织才能和勤恳工作，促进了20世纪数学家之间的国际交流，为推动北美洲数学的发展做出了很大贡献。在他的努力和筹划下，1924年在多伦多召开了国际数学家大会。当他得知大会经费有结余时，就萌发了设立一个国际数学奖的念头。菲尔兹在去世前立下遗嘱，捐赠一部分遗产，由多伦多大学转交给第九次国际数学家大会，加上第7届大会的结余作为基金，共同设立了一项“不署国名、团体名和个人名的”奖金，在大会上与会代表一致同意将该奖命名为菲尔兹奖。获奖者经由国际数学家联合会执委会选定的8人评委会评选，在国际数学家大会上颁奖。菲尔兹奖的颁奖仪式在每次国际数学家大会的开幕式上举行，由评委会主席宣布获奖名单，由大会东道国的要员（市长、科学院院长、国家领导人等）或著名数学家颁发奖章和奖金，由权威数学家分别介绍获奖人的主要数学成就。

菲尔兹奖专门用于奖励40岁以下的年轻数学家的杰出成就，每4年颁发一次，由数学界的国际权威学术团体国际数学联合会主持。开始时每次获奖者只有2人，在1965年得到一位不希望透露姓名的人的赞助而从1966年起获奖者增加到2～4人，因此获奖的机会比诺贝尔奖和另外一个国际大奖沃尔夫奖还要少，很多获奖者也都是世界上著名的、成果卓著的数学家。

获奖者每人可获得一枚纯金制成的奖章和一笔1500美元的奖金。奖章上面有希腊数学家阿基米德的头像，并且用拉丁文镌刻上“超越人类极限，做宇宙主人”的格言。

1936年第1次颁发菲尔兹奖时，该奖项并没有引起多大的注意，其影响力也相当有限，然而30年以后的情况就完全不一样了，其影响力已遍布全球，菲尔兹奖也已成为国际上最为著名的数学大奖之一。菲尔兹奖的1500美元的奖金额与诺贝尔奖奖金相比是微不足道的，但它在国际数学界有如此之高的地位主要有三个原因：首先，它是由数学界的国际权威学术团体国际数学联合会主持的，从全世界顶尖的青年数学家中评定、遴选出来；其次，它是在每隔4年才召开一次的国际数学家大会上隆重颁发的，且每次获奖者很少；第三，也是最根本的一条是由于得奖人的出色才干赢得了国际社会的声誉，他们都是数学天空中升起的灿烂明星，是数学界的精英。

在20世纪里，共有43人获得过菲尔兹奖，其中英国数学家怀尔斯在1998年20世纪最后一次国际数学家大会上获得的是一个特别贡献奖——因为他的成果证明了费马大定理，但他当时已经45岁了，超出了菲尔兹奖的范围，于是国际数学家大会为他设立了一个没有先例的特别贡献奖。1982年，华裔数学家丘成桐教授荣获菲尔兹奖，成为获此荣誉的第一位华人。

## 其他著名世界数学奖项概览

**爱尔特希奖**

爱尔特希奖由P·爱尔特希教授捐赠而于1976年设立，由以色列数学联合会授奖，每年授奖一次，奖励一位取得突出成果的以色列数学家。

**安培奖**

为纪念著名物理学家安培（1775～1836年）诞生200周年，法国电气公司于1975年设立了该奖项，由巴黎科学院授奖，每年授奖一次，奖励一位或几位在纯粹数学、应用数学或物理学领域中研究成果突出的法国科学家。

**奥斯特洛斯基奖**

著名瑞士数学家A·M·奥斯特洛斯基（1893～1986年）留下遗产建立了奥斯特洛斯基基金，并于1987年开设此奖，1989年首次颁奖，并且每两年颁奖一次，奖励一二位在纯粹数学或数值分析的基础理论方面于前5年中有突出成就的数学家。

**贝维克奖**

该奖由伦敦数学会负责颁奖，分为初级与高级两种，分别奖励青年数学家和资深数学家的成就。

**伯格曼奖**

出生于波兰的美国数学家S·伯格曼的遗孀去世后，按其遗愿为纪念其丈夫，用她的捐款设立了伯格曼信托基金会，同时设立了伯格曼奖，1999年首次颁奖，以后每年颁发一次。

该奖由美国数学会审选受奖者，奖励在核函数理论及其在实与复分析中的应用、函数理论方法在椭圆形偏微分方程中的应用，特别是伯格曼算子方法等方面的成果。

**伯克霍夫奖**

该奖于1967年设立，由美国数学会和美国工业与应用数学会联合负责颁奖，每5年颁奖一次，主要目的是为了奖励在应用数学领域有突出贡献者。

**博谢纪念奖**

该奖是为了纪念M·博谢教授而于1923年设立的，每5年颁奖一次，主要用于奖励过去5年内在分析方面值得注意的研究成果，由美国数学会负责颁奖。

**布劳威尔奖章**

该奖是为纪念荷兰数学家L·E·J·布劳威尔而设立的，以奖励在布劳威尔原来感兴趣的数学领域中有突出成果者。

**丹齐克奖**

由数学规划学会（美国）和美国工业与应用数学会联合颁奖，以奖励一位或多位在数学规划领域的研究中有突出影响的个人。

**德·摩根公章**

该奖项是伦敦数学会为纪念该学会的首任主席而设立的，且每3年颁发一次。

**第三世界科学院奖**

第三世界科学院（意大利）颁奖，1985年首次颁奖。

**费萨尔国际奖**

沙特阿拉伯前国王的第八子为纪念其父费萨尔国王，于1976年建立了费萨尔国王基金会，于1979年设立此奖。世界各国的学术机构、组织都可提出受奖候选人。费萨尔（科学）奖轮流颁发给数学、化学、生物学和物理学领域，每年一个学科。1987年第一次为数学学科颁奖，获奖者是英国著名数学家阿蒂亚。

**费希尔奖**

该奖是美国统计学会主席委员会为纪念P·A·费希尔而在1963年设立的，用于奖励在统计科学与科学研究中有重大意义的统计方法等方面有杰出成就的统计学家。

**福特奖**

为纪念美国数学协会前主席、《美国数学月刊》（American Mathematical Monthly）前主编L·R·福特而于1964年设立的，以奖励发表在《美国数学月刊》上的高水平阐述性文章。

**京都奖**

京都奖由稻森基金会授奖，稻森基金会是由稻森五雄在1984年捐资成立的，京都奖主要奖励在数学、基础数学等多个学科中有突出成就的工作者。

**柯尔代数奖、柯尔数论奖**

该奖项是为了纪念F·N·柯尔教授而设立的，由美国数学会授奖，1928年首次授奖，每5年一次，以奖励代数与数论领域的成果。

**罗巴切夫斯基奖**

1895年喀山数学物理学会为纪念俄国数学家、非欧几何创始人罗巴切夫斯基（1792～1865年）诞生100周年而设立了罗巴切夫斯基奖，以奖励对数学（特别是几何）发展做出重大贡献的数学家，1897年首次颁奖。

**奈望林纳奖**

该奖由芬兰赫尔辛基大学出资设立，以奖励青年数学家在信息科学的数学方面的贡献，在国际数学家大会上颁奖，1982 年首次颁奖。

**内勒奖**

该奖项由伦敦数学会颁奖，主要奖励应用数学方面的成果。

**庞加莱金质奖章**

该奖由巴黎科学院颁发，且只在特殊情况下才颁发，自 1962 年以来只颁发过三次奖，获奖者为 J·阿达马（1962 年）、P·德利涅（1974 年）、J·汤普森（1992 年）。

**美国全国科学院数学奖**

该奖是在美国数学会成立 100 周年时，由美国数学会与美国工业与应用数学会共同设立的，每 4 年颁发一次，以奖励过去 10 年内发表的杰出数学研究成果，1988 年首次颁奖。

**日本奖**

该奖是一个国际性奖项，1985 年开始颁奖，且每年授奖，日本天皇参加授奖仪式，以奖励通过科技发明创造的杰出成就为人类和平与繁荣事业做出贡献的个人。

**塞勒姆奖**

该奖在 1968 年设立，每年颁发一次，以奖励在塞勒姆感兴趣的领域，主要是在付立叶分析及相关问题上做出贡献的青年数学家。

**施奈德奖**

该奖项由国际线性代数学会颁奖，主要奖励线性代数领域高水平研究工作及成就，每 3 年颁奖一次，1993 年首次颁奖。

**斯蒂尔奖**

斯蒂尔奖在 1970 年由斯蒂尔捐资设立，1979 年开始颁奖，每年颁发3个奖，由美国数学会颁奖奖励工作有影响的数学家、有重要价值的一本书或一篇综述、阐述性论文的作者、一篇具有基础性或长期影响的论文的作者，每一个方面授奖一人。

**维布伦几何奖**

该奖是为纪念O·维布伦教授在1961年设立的，并于1964年首次颁奖，每年颁发一次，奖励几何或拓扑领域的研究成果。

**威尔克斯奖章**

该奖在1964年设立，由美国数理统计协会颁发，奖励对统计理论或实践有贡献的个人。

**维纳奖**

维纳奖由马萨诸塞理工学院数学系捐赠，于1967年设立，每5年颁奖一次，奖励在应用数学方面特别是在高水平与广度意义上做出突出贡献的应用数学家。美国数学会与美国工业与应用数学会联合颁发此奖。

**西尔维斯特奖章**

该奖是1901年为纪念皇家学会会员、英国著名数学家J·J·西尔维斯特教授而设立的，每3年授奖一次，以奖励在数学研究中获突出成果者，由伦敦皇家学会颁发。

**凯尼斯·梅数学史杰出贡献奖**

该奖项由国际数学史学会于1989年设立，是为了纪念国际数学史学会创始人和首任主席凯尼斯·梅而设立的，主要是奖励在数学史研究领域做出突出贡献的科学家，每4年颁发一次。该奖至2002年已经颁发过4次，共有7人获奖。

2002年，国际数学史学会在北京给新加坡国立大学数学系教授温丽容女士颁发了这一奖项。温丽容女士是一位华裔数学家，长期从事中国数学史研究，为研究中国数学史做出了杰出贡献。她也是第一位获得该奖的女性数学家。

**罗尔夫·内万林纳奖**

罗尔夫·内万林纳奖创立于1981年4月。1982年4月，国际数学家联合会接受了赫尔辛基大学的捐赠，并将该奖命名为内万林纳奖，以纪念当时的赫尔辛基大学校长、国际数学家联合会主席罗尔夫·内万林纳。该奖项是理论计算机科学成就的国际最高奖。旨在表彰信息科学数学方面具有杰出成就的青年数学家。内万林纳奖每4年颁发一次，每次都在国际数学家大会上颁发，每次有一位获奖者，获奖者可获一枚奖章和一笔奖金。

## 第三节 世界著名化学奖项

### 美国亚当斯化学奖

亚当斯化学奖是美国化学协会奖中的一项，为了纪念美国有机化学家罗杰·亚当斯，奖项以他的名字命名。该奖项由美国有机合成股份有限公司、美国有机反应股份有限公司于1959年共同设立，并由这两个机构与美国化学协会有机化学部共同主办。

亚当斯化学奖每2年颁发一次，用于鼓励最广义有机化学领域研究中做出的最杰出贡献的人，候选人不限国籍。这一奖励在美国有机化学协会每2年举行一次的全国有机化学专题研讨会上颁发，获奖人须在该研讨会上发表一篇演讲，同时领取一枚金质奖章、一件纯银制品及一笔1万美元的奖金。

亚当斯1889年生于美国波士顿，1908年毕业于哈佛大学，1912年获博士学位，之后去德国学习了一年，曾在柏林E·费歇尔实验室从事博士后研究工作。1913年回国后，亚当斯先在哈佛大学任讲师，后又在伊利诺伊大学系任讲师、系主任、研究教授。在他的努力下，伊利诺伊大学有机化学组发展成为美国30

年代最有声誉的化学中心之一，也成为向美国有机化学工业输送大批人才的基地，为美国建立庞大的有机化学工业打下了坚实基础。亚当斯对有机合成、具有生理特效的天然产物、有机化学理论及美国有机化学工业做出了巨大的贡献。在他一生中合成了许多药物，如丁卡因就是由他首次合成的，另外还有被称为亚当斯催化剂的实验室中最常用的催化剂。

1921 年，亚当斯决定出版一套有机合成专著，每年刊登从各地挑选出来的、并经过实验室进行重复试验的近 30 种化合物，这套专著就是现在众所周知的《有机合成》，每年出版一册，后来又改名为《亚当斯年报》。《亚当斯年报》是一本很有用途的工具书，受到有机化学工作者的高度评价。1949 年，亚当斯又开始组织编写另一本重要有机化学参考工具书，即《有机反应》，每隔1～2年出版一册。这两部书的编者及作者都不领取稿酬，出版者把所得利润交给一个专设的委员会经营投资，到 60 年代时已积累了 60 万美元。1957 年亚当斯退休时，这个机构便以亚当斯的名字命名了一个奖项，也就是亚当斯化学奖。

## 美国总统绿色化学挑战奖

美国总统绿色化学挑战奖是 1995 年由美国总统克林顿发起的，以奖励在研究、开发和应用绿色化学技术方面获得杰出成就，使化学变得更为清洁、更为经济、更为美好的基础性研究方面做出突破贡献的个人、集体或组织。1996 年在华盛顿国家科学院颁发了第一届美国总统绿色化学挑战奖奖项。

美国总统绿色化学挑战奖是世界上第一个由一个国家政府出台的对绿色化学实行的奖励政策，其目的是“通过将美国环保局与化学工业部门作为环境保护的合作伙伴的新模式来促进污染的防止和工业生态的平衡”，建立该奖是为了重视和支持那些具有基础性和创新性变迁、并对工业界有实用价值的化学工艺新方法，以通过减少资源的消耗来实现对污染的防止。

美国总统绿色化学挑战奖共设立有学术奖、中小企业奖、优化合成路线奖、优化合成条件奖和安全化学品设计奖 5 个奖项，每个奖项均由来自美国政府、环保局、美国科学院、美国化学会、美国国家基金委员会等世界水平专家从 70 个候选提名中评选产生，评选的标准涉及对人身健康和环境有益、具有科学创新性和应用价值等方面。每个奖项所获得的成就都必须是在过去的 5 年内在美国起到开创性的、具有里程碑意义的工作，其中的学术奖更是要求必须达到公认的、极高的学术水平。以往的获奖者也都是国际著名的化学家。

美国总统绿色化学挑战奖为个人、团体和组织提供了一个机会，可以通过竞争总统奖来获取可使化学变得更为清洁、更为经济、更为美好的基础性突破的支持，并体现了国家对将绿色化学原理应用到化学的设计、加工和应用过程而产生的技术的重视。

## 美国化学协会分析化学奖、聚合物化学奖、无机化学奖

美国化学协会分析化学奖、聚合物化学奖、无机化学奖是美国化学协会管理的 43 种奖项中的三项。其中分析化学奖由费希尔科学实验设备供应公司于 1947 年设立，主要用于奖励分析化学、理论与应用化学方面取得杰出成就的化学家，同时该奖项只颁发给美国或加拿大公民。聚合物化学奖是在 1962 年由威特科化学有限公司设立并主办的，从 1981 年起改由默比尔化学公司主办，主要授予聚合物方面的杰出成就者，获奖者一般不受年龄、国籍等限制，奖品包括一笔 2000 美元的奖金、一份证书及 300 美元差旅费。无机化学奖由得克萨斯仪器有限公司于 1960 年

设立并主办，从1976年开始由蒙出托公司承办，主要用来表彰在无机化学基础研究中独创性的工作，包括无机物的制备、特性、反应或结构等方面，获奖者不受国籍、年龄等任何限制，奖品包括2000美元的奖金、一份证书及350美元差旅费。

美国化学协会奖的43种奖项中属于其主要分支学科的有30种，其余分属教育、科普、管理等方面。这些奖项都是用来鼓励化学领域中有杰出成就的。奖名多冠以美国化学协会奖，其余奖名一般冠以已故著名化学家的姓名，如亚当斯化学奖、普里斯特利奖章、A·伯奇药物化学奖、P·德拜物理化学奖等。美国化学协会奖由协会直接主办，或由一些大公司、企业主办。每年在美国化学协会春季全国大会上颁奖。为了保证每一个达到获奖水平的优秀化学家不被遗漏，每个奖都设有一个推荐委员会，聘请有关专业领域的一些权威与专家进行提名，然后再由评选委员会进行评选，评选委员会由会长指定的5～7名委员组成，这些委员也都是一些化学界的专家学者。

## 德国霍夫曼奖章

德国霍夫曼奖章原来叫做霍夫曼奖金，由德国化学协会在1902年设立，后来由新成立的德国化学家协会接管。设立该奖章主要是为了在全世界范围内表彰在化学领域中做出杰出贡献的人，因此获奖者可以是德国以外的其他国家的人，也可以是德国国内的非化学学科的科学家。该奖章在国际化学界具有比较大的影响力。霍夫曼奖章并不是定期颁发的，获奖者会得到一枚金质奖章。

霍夫曼是一名德国有机化学家，曾先后在伦敦皇家化学学院、德国波恩大学、柏林大学任化学教授，1851年当选为英国皇家学会会员，1859年当选法国科学院院士；1868年德国化学学会创立后，任学会主席多年。霍夫曼的研究范围十分广泛，他从煤焦油制出苯胺衍生物，其中大多数是染料中间体或染料，使英国染料工业获得繁荣，为德国的染料化学也奠定了基础。他还研究苯胺与苯酚、苯的关系，并把这种研究扩展到烷基胺。霍夫曼一生中研究了许许多多种化合物，他在化学理论上也是很有建树的。

## 国际化妆品化学家协会联合会奖及荣誉状

国际化妆品化学家协会联合会奖及荣誉状，由国际化妆品化学家协会联合会创立于1970年，每2年颁发一次，以奖励向国际化妆品化学家协会大会提交的有关化妆品的优秀论文。参加评选的论文要在大会召开前9个月送交审查，论文内容应具有重要的科学价值，并应对化妆品及化妆用具的研制开发具有较大的实用价值。获奖者将得到一笔1000瑞士法郎的奖金及一纪念品。

### 相关小知识：绿色化学技术

所谓绿色化学技术，是指将绿色化学的基本观念应用于化学研究、化工制备以及化学品的利用等方面。绿色化学基本观念是在20世纪90年代初提出来的，它有别于传统的环境污染治理方法，而是从源头上减少，甚至消除环境污染的产生。因此绿色化学方面的成就对于环境保护来说具有根本意义。

# 第四节　世界著名物理学奖

## 海涅曼数学物理奖

海涅曼数学物理奖是由海涅曼基金会研究、教育、慈善和科学基金于1959年创立，并以丹尼·海涅曼的名字命名的一项世界性的科学大奖，由美国物理学学会和美国物理协会联合管理和负责颁奖。

海涅曼数学物理奖每年颁发一次，授予数学物理学领域优秀出版物的作者，出版物类型包括单篇论文、论文集、专著等。这一奖励对获奖者的国籍、居住地等没有任何限制，全世界优秀出版物作者都有获奖资格。奖金包括5000美元奖金和一份记载获奖成果的证书。海涅曼数学物理奖可由多人共享。

海涅曼数学物理奖在世界上具有一定的学术地位，许多获奖者都是诺贝尔奖金的获得者。如1977年曾获这一奖的美国物理学家温伯格，1979年又获得了诺贝尔物理学奖。

## 范德林登奖金

范德林登奖金，是比利时皇家科学院颁发的一项物理学奖项，旨在奖励那些在物理学领域特别是无线电方面有重要的发现或最有价值的著作。范德林登奖金每2年评选一次，获奖者将获得一笔30000比利时法郎的奖金。

范德林登奖金分为国内奖和国际奖两种，国内奖必须用荷兰文或法文撰写，而国际奖使用的语言包括英文、德文和意大利文。只有比利时人才能获得国内奖，而国际奖对获奖人的国籍和居住地没有任何限制。

## 富兰克林奖章

富兰克林奖章是美国富兰克林学会的最高荣誉奖，为纪念著名物理学家本杰明·富兰克林而设立的，该奖项以其名字命名。

富兰克林奖章由塞缪尔·英萨尔（英萨尔是美国发明大王托马斯·爱迪生的私人秘书，后来曾任通用电气公司副总裁、联邦爱迪生公司总裁兼董事长）在 1914 年设立，每年颁发一次，授予那些在物理学及技术领域中做出卓越贡献的人士，获奖者将得到一枚金质奖章。富兰克林奖章对获奖者的国籍没有任何限制。

富兰克林是一位美国物理学家，1906 年生于美国波士顿，因家境贫困，没有上过正规学校，但曾获哈佛大学、耶鲁大学、牛津大学等一些著名大学的名誉学位。富兰克林是英国皇家学会会员、法国科学院院士。

富兰克林富有为科学献身的精神，他最著名的科学试验是在费城一个雷雨天里进行的用风筝吸取闪电的试验。相信大家对这个实验也是非常熟悉的。富兰克林的这一试验证明了静电和动电的性质是相同的，这个发现在电学史上具有十分重要的意义。富兰克林对物理学的贡献主要在电学方面，是探索电学的先驱者之一。他提出的电荷守恒概念影响巨大。除了物理学领域，富兰克林在光学、热学、化学、植物学方面也都做出了重大的贡献。

## 国际 K·J·BUTTON 奖

国际 K·J·BUTTON 奖是毫米波——红外线领域的国际最高奖，由英国皇家科学研究院物理研究所组织评审与颁发，每年评选一次，以表彰一位在毫米波——红外线领域做出杰出贡献的科学家。获奖者除可获得一枚铜牌外，还可获得 1000 英镑奖金和若干差旅费。

由于该奖的评选标准十分严格，因此自诞生以来获奖者寥寥无几，我国科学院院士、电子科技大学刘盛纲教授在2003年度第28届国际红外与毫米波会议上举行的国际K·J·BUTTON奖颁奖典礼上获得了该奖。毫米波—红外线研究是当前国际上一个热门科研领域，在国防军事和工业应用上具有重大价值。

## 国际理论物理学中心奖——卡斯特勒奖

国际理论物理学中心奖——卡斯特勒奖，是国际理论物理学中心所设立的众多奖项之一，以法国物理学家阿尔弗雷德·卡斯特勒的姓氏命名，来表示对他的纪念与尊敬。该奖项创立于1982年，每2年颁发一次，主要授予那些在固态物理学、原子与分子物理学研究中取得创造性贡献的科学家，获奖者将得到一笔数额为1000美元的奖金。值得一提的是，卡斯特勒奖是发展中国家的奖项，只有发展中国家的人士年龄低于40岁，并且在本国内生活与工作的学者，才有资格申请这一奖励。申请时，必须提交一份50～100页的自述，包括个人简历、著作目录以及对研究项目的说明，还需要提供与评奖有关的正式出版的著作。我国物理学家李家明博士因其在多通道量子亏损理论方面做出的杰出贡献而获1986年度的卡斯特勒奖。

卡斯特勒是法国著名的物理学家，1902年生于法国盖布维勒，在巴黎师范学院毕业后，又获得物理学博士学位，以后一直在各中学、大学任教。卡斯特勒主要的研究领域是磁共振与光学抽气问题。因为发现原子中赫兹共振的光学研究方法，获得了1966年度的诺贝尔物理学奖。卡斯特勒还是法国、比利时、波兰、匈牙利、印度、荷兰等许多国家的国家科学院院士。

国际理论物理学中心是国际原子能和联合国教科文组织的下属机构，成立于1964年，总部设在意大利的里雅斯特，是意大利政府与发展中国家进行多边合作的主要渠道。它的主要任务是：促进物理和数学领域的研究；为各国科学家提供学术交流论坛；为访问学者和准会员提供进行创造性研究的设施等。特别值得一提的是以上这些任务重点针对发展中国家开展工作。国际理论物理学中心开展工作的主题范围是：基础物理、凝聚态物理、数学、物理和能源、物理和环境、生命物理、应用物理、空间物理和数学教学。但现在这一中心的研究领域已超出纯理论物理范围，甚至大部分研究计划都属于应用领域。它开展的活动包括科研、培训、专题讨论会和其他会议。每年有120个国家的4000多名学者来这里进行科学研究或参加培训。

国际理论物理学中心设有许多项奖励，授予在这些研究范围内取得杰出贡献的发展中国家的科学家。这些奖一般都以著名的物理学家的姓氏命名，如埃克隆德奖金、狄喇克奖章、卡斯特勒奖金、瓦拉尔塔奖金等。

## 美国物理协会奖——玛丽亚·戈珀特一梅耶奖

美国物理协会奖即玛丽亚·戈珀特一梅耶奖，由美国电学基金总会设立于1985年，并以美国物理学家、诺贝尔奖获得者玛丽亚·戈珀特一梅耶夫人的名字命名，以表彰青年女物理学家取得的重要科学成就。该奖由美国物理协会主办，每年颁发一次，对获奖者的国籍、居住地、年龄等都不作任何限制，获奖者将得到一笔2000美元的奖金、3000美元的讲学费、领奖差旅费和获奖证书。

玛丽亚·戈珀特一梅耶1906年6月28日出生在波兰的卡托维兹，1924年进入戈丁根大学学习，1930年获戈丁根大学博士学位。1933年入美国国籍，1931年到1939年在霍普金斯大学任教，1939年在哥伦比亚大学任教。她是美国国家科学院、海德堡科学院和美国艺术与科学院院士，也是美国物理协会会员，二战期间从事过制造原子弹所需同位素的研究工作，战后主要进行核物理学方面的研究。她一生中最大的成就是提出关于核结构相似的理论。于1955年和与她几乎同时提出这一理论的德国物理学家延森共同出版了《原子核壳结构基本理论》一书。1963年她与延森、维格纳同获诺贝尔物理学奖。

美国物理协会设有20多种奖，包括生物物理学奖、T·W·邦纳核物理奖、化学物理奖、新材料国际奖、高分子物理学奖、戴维森—杰默奖、流体动力学奖、物理学奖、F·艾萨克林固体中光电效应奖等，玛丽亚·戈珀特一梅耶奖便是其中一个。

## 英国皇家学会阿普顿奖金

英国皇家学会阿普顿奖金由英国皇家学会于1969年设立，每3年颁发一次，用来奖励在电离层物理研究中取得杰出成就的人士。为纪念英国物理学家爱德华·阿普顿对物理学所做出的贡献，该奖以爱德华·阿普顿的名字命名，授奖的学科范围也就是阿普顿重点研究并做出重要贡献的领域，且获奖成就必须是颁奖年的最近6年中做出的。

阿普顿奖在国际无线电科学联合会召开之时进行颁奖，奖金金额为100英镑，这一奖励不接受个人申请，获奖候选人由推荐产生，只有国际无线电科学联合会的36个会员国成员才有推荐资格。

爱德华·阿普顿是英国著名的物理学家，1892年出生在英国约克郡布莱德福，毕业于英国剑桥大学圣约翰学院；1927年当选为英国皇家学会会员，曾任英国科学促进会主席；在1934年～1952年期间任国际无线电科学联合会名誉主席；1941年还被授予了爵位；1965年去世前在爱丁堡大学任校长。阿普顿的主要研究领域是大气物理学，他利用无线电技术对高层大气进行了系统的探索研究，1924 年通过实验证明了高层大气中存在电反射层的假说，并进一步证实了在这一反射层的上面还存在着第二电反射区，即阿普顿层。之后，他还与哈特里共同建立了电离层的磁离子理论。第二次世界大战期间，他领导了英国原子弹的研究。1947 年阿普顿获得诺贝尔物理学奖，此外，他还获得过美国政府梅里特勋章、休斯奖章、法拉第奖章等。

## 赫兹奖金

我们在这里主要介绍两个不同的赫兹奖金，即海因里希·赫兹奖金和古斯塔夫·赫兹奖金。

第一个赫兹奖金是为纪念德国著名物理学家海因里希·赫兹而以其名字命名的，用来表彰在能源技术领域所取得的杰出科技成就。由德国巴登韦克基金会和卡尔斯鲁厄大学在 1975 年，即卡尔斯鲁厄大学建校 150 周年时共同设立。该奖项对获奖人的国籍和居住地没有任何限制，为世界性的物理学奖项。

第二个赫兹奖金创立于 1977 年，是以海因里希·赫兹的侄子、德国著名物理学家古斯塔夫·赫兹的姓氏命名的，用来奖励在理论物理和应用物理学领域所获得的杰出成就。赫兹奖每年颁发一次，每次授两项奖，一项授予个人；另一项授予研究小组，并且规定小组人数不得超过 4 人。

海因里希·赫兹 1857 年出生于德国汉堡，1880 年获博士学位，后任卡尔斯鲁厄工业学院物理学教授，之后又任波恩大学教授，一直到 1894 年去世。海因里希·赫兹最主要的贡献是关于电磁波的实验，这一实验证实了麦克斯韦关于光是一种电磁波的理论，为无线电技术的发展开辟了新道路，赫兹因此被誉为无线电通讯的先驱。后人为了纪念他，把频率的取名为赫兹。

古斯塔夫·赫兹 1887 年生于汉堡，在其叔父海因里希·赫兹的影响下，从小就酷爱科学。1911 年获博士学位后，在德国、美国、苏联等一些国家的许多著名大学和机构都曾工作过。古斯塔夫·赫兹最重要的贡献是和富兰克共同提出电子原子的冲撞定律，这一发现对原子物理学的发展起了非常重大的作用。1925 年他与富兰克同获诺贝尔物理学奖。古斯塔夫·赫兹曾是德国科学院、匈牙利科学院、捷克斯洛伐克科学院、苏联科学院等世界著名科学院的院士。

## 伦琴奖金

上面所介绍的两个赫兹奖金是纪念两位不同的物理学家而分别设立的物理学奖，现在要介绍的伦琴奖金和伦琴奖章则是不同的机构为了纪念德国物理学家威廉·康拉德·伦琴，而分别以其名字命名的物理学奖项。

我们这里介绍的伦琴奖金由德国韦茨拉尔的阿图尔·普法伊费尔股份有限公司和霍伊歇尔海姆—吉森的顺克·埃贝股份有限公司创立于 1974 年，而由德国吉森尤斯图斯·利比希大学颁发的一个奖项。该奖每年颁发一次，主要授予年轻科学家，奖励他们在放射物理学与放射生物学领域基础研究中所写的优秀论文或其他形式的杰出贡献。伦琴奖金的评选委员会由两家创办公司和吉森大学的代表组成，负责对由颁奖委员会推荐出的候选人进行评选。伦琴奖金的金额为 5000 马克，可授予一人，也可由几人分享。

伦琴奖章创立于 1951 年，由伦琴的出生地德国雷姆沙伊德市颁发，每年颁发一次，以奖励在 X 射线领域中取得重要进展的研究成果。

伦琴是德国著名的物理学家，1845 年生于德国伦内普，即现在的雷姆沙伊德—伦内普，1879～1885 年曾任吉森大学物理研究所所长。伦琴最大的贡献是发现了 X 射线，即伦琴射线。关于 X 射线名称的来由，我们这里还有一个小故事。伦琴在发现 X 射线前在实验室里一连做了 7 个星期的秘密实验。有一次，当伦琴把手放到放电管和荧光屏之间的时候，他惊呆了：在屏上看到自己的手完全变了样，好像是拼凑起来的几根黑糊糊的干树枝。当伦琴清醒地知道这干树枝就是他手指骨骼的时候，他激动得几乎要跳起来。他立即回家把自己的发现告诉了妻子。据说当时妻子正在生他的气，责怪他这么长时间不回家，说他有意编造“发现”骗她。于是伦琴把妻子带到实验室，请她帮忙做个实验。他让妻子把左手放到放电管前面，然后把用纸包好的照相底片放在她的手后面，过了十几分钟，把底片一冲洗，获得了一张手骨的照片——世界上第一张人类活体骨骼的照片。妻子不解地问：“这是怎么回事?”伦琴说：“这是一种穿透力很强的新射线作用的结果。”“这种新射线叫什么名字?”伦琴摇了摇头回答说：“不知道，它是一个未知数，就叫它 X 射线吧。”X 射线就由此得名。

X 射线对我们的生活影响很大，平时医院里为病人做的透视等就是采用的 X 射线。除了人体疾病的透视与治疗，X 射线在光电效应研究、晶体结构分析、金相组织检验、材料无损探伤等方面都具有广泛的应用。伦琴也因为发现 X 射线而获得了 1901 年度的第一届诺贝尔物理学奖，此外，他还获得过普鲁士二级王冠勋章、英国皇家学会伦福德奖章、哥伦比亚大学巴纳德奖章等。伦琴一生在物理学许多领域都进行过研究，50 年中共发表 50 多篇论文。1923 年，伦琴去世。为了永久纪念这位伟大的物理学家，德国人民在柏林市的波茨坦桥上竖立起伦琴的青铜塑像。国际学术界还作出决定，用“伦琴”来命名 X 或 $\gamma$ 射线的照射量单位。

# 第五节　世界著名的生物、医学、农业领域奖项

## 费拉国际奖金

费拉国际奖金设立于1970年，是安娜·布凯里·拉·费拉（安娜·布凯里·拉·费拉一生献身于消灭贫困与苦难的事业）为了纪念父亲罗萨里奥·布凯里教授和丈夫路易吉·拉·费拉教授（他们二人都是肺结核病学家，为人类的健康事业做出了很大贡献），而在其遗嘱中将其部分财产捐赠出来成立专门的基金以颁发费拉国际奖金。奖项由意大利劳工保险协会颁发，基金由意大利劳工保险协会负责管理。

费拉国际奖金设立3项奖项，分别用来奖励在劳保医学、法医学、安全保障医学和外伤学等领域杰出的研究成果。费拉国际奖金每逢双数年颁发，奖金金额按安娜·布凯里·拉·费拉的遗产在前2年的利息确定。费拉国际奖金对获奖者的国籍、居住地、年龄等都没有任何限制，但不接受个人申请，候选人需由各个国家的协会和机构推荐。

## 罗伯特·科赫科学奖

罗伯特·科赫科学奖是以德国著名细菌学家、结核菌发现者罗伯特·科赫的名字而命名的，设立该奖的目的主要是为了促进防治传染病的科学研究，目前也是德国在世界上享有盛誉的奖项之一。罗伯特·科赫科学奖原先的奖金金额为8万马克，2001年奖金额已高达12万马克。获得罗伯特·科赫科学奖的往往都是为现代医学特别是传染病研究做出了巨大贡献的人。如1988年

该奖的获得者——澳大利亚科学家米塔卡尔教授，因创造性地发现具有造血功能、可促进白血球形成的“生长因子”而获该奖。

## 纳蒂韦莱医学奖金

为了纪念阿道夫·纳蒂韦莱发现洋地黄100周年，在1971年创立了克洛德·阿道夫·纳蒂韦莱艺术与医学基金会，基金会的三个宗旨是保护法语，促进与人类健康有直接或间接关系的科学研究和发展欧洲艺术的表现力。在基金会成立后不久又很快设立了纳蒂韦莱医学奖，设立该奖的目的是为了引起全世界对心血管疾病研究价值的重视，同时也是为了传播法语知识及法国的科学知识，授奖范围包括心血管疾病的基础临床研究和治疗研究。

虽然该奖于1971年就已设立，但一直到了1976年才第一次颁奖，之后每3年评选颁发一次，获奖者将得到一笔50万法郎的奖金。该奖项对获奖者的国籍、居住地等没有任何限制，凡是在它的授奖领域做出卓越贡献的人都有可能获得该奖。

## 世界卫生组织奖

这里主要介绍世界卫生组织所设立的三个奖项，即世界卫生组织达林基金奖、世界卫生组织肖沙基金奖和世界卫生组织利昂·伯纳德基金奖。

世界卫生组织达林基金奖由世界卫生组织创立于1966年，是为了纪念著名的疟疾病研究者、在多国疟疾联盟委员会执行任务时因事故遇难的塞缪尔·泰勒·达林博士，而以其姓氏命名的。该奖主要用来奖励在病理学、病原学、流行病学、治疗学、预防医学或疟疾控制等方面取得杰出成就的人士。

获奖者将得到一笔1000瑞士法郎的奖金和一枚铜质奖章，但该奖项不是定期颁发的，而是当奖项基金的利息达到1000瑞士法郎时颁奖。候选人由世界卫生组织成员国、非正式成员和专家顾问小组成员一起提名。评选标准依据候选人所发表的著作以及10年内所完成的实际工作。

世界卫生组织肖沙基金奖是为了纪念肖沙医生而创立的，由世界卫生组织于1966年创立。

设立肖沙基金奖的主要目的是为了奖励在卫生问题方面有重大贡献者，但范围只限于肖沙医生为世界卫生组织服务过的地区内。值得一提的是，该奖项候选人的提名工作只有世界卫生组织成员国的卫生部门和以前获得过肖沙基金奖的人才有资格从事。和世界卫生组织达林基金奖类似，肖沙基金奖也不是定期颁奖，但一般为1年1次，获奖者将得到一枚铜质奖章和一笔奖金，其中奖金金额不确定，要根据基金会的利息来决定。

世界卫生组织利昂·伯纳德基金奖不定期颁发，用以奖励社会医学领域内的贡献突出者。只有世界卫生组织成员国的卫生部门和该奖前获奖人才有权推荐候选人，但提名不受国籍、年龄、职业等任何限制。获奖人可获得一笔1000瑞士法郎的奖金和一枚铜质奖章。

**小资料：世界卫生组织**

世界卫生组织1948年正式成立，同年9月成为联合国的一个专门机构，总部设在日内瓦，它的宗旨是“努力提高世界人民的健康水平”。现共有192个会员国。中国是世界卫生组织的创始国之一，1972年5月10日，第25届世界卫生大会通过决议，恢复中国在世界卫生组织的合法席位。

## 世界杰出女生物学家奖

世界杰出女生物学家奖是联合国教科文组织与法国欧莱雅集团在 1999 年联合设立的，每年评选一次，每次都从非洲、欧洲、南美洲、北美洲及亚洲和太平洋地区各评选出 1 名候选人，其目的是通过奖励从事生命科学研究的女科学家，提高女性在科学研究领域的地位。评选委员会由全世界范围内著名的专家学者组成，获奖者将获得一份证书和一笔 2 万美元的奖金支票。

下面我们为大家介绍一下 2001 年和 2002 年世界杰出女生物学家奖的获得者和她们的主要贡献及成就。

2001 年度的世界杰出女生物学家被尼日利亚遗传学专家安蒂亚卡·格拉迪斯、澳大利亚免疫学专家苏珊娜·科里、英国生物学家安妮·麦克拉伦、巴西人类基因研究中心负责人玛亚娜·赛兹和美国分子生物学家琼·施泰茨获得。安蒂亚卡·格拉迪斯 25 年来一直致力于尼日利亚常见遗传性血液疾病的研究，她在产前诊断及有效预防此类疾病发生方面取得了重大突破；苏珊娜·科里成功破译了产生癌症的基因机制；安妮·麦克拉伦对体外受精技术的发展做出了巨大贡献；玛亚娜·赛兹积极投身于遗传性疾病的研究，为众多患者减轻了痛苦；琼·施泰茨则改进了自身免疫疾病的诊断和治疗。

2002 年度的世界杰出女生物学家奖被墨西哥、美国、埃及、印度及德国的 5 位女科学家分享，其中来自墨西哥的洛佩斯·科洛梅致力于对视网膜疾病的研究和教学；美国的蒂尔曼曾参与世界第一例哺乳动物的基因克隆实验，证实了基因表达取决于父母的染色体；埃及的马吉德主要从事对精神病和先天愚型 21—三体综合征的预防研究；印度的纳特大大促进了麻风病的治疗和疫苗研制；德国的奥斯本发明的免疫荧光镜如今已被世界各地的科研人员广泛应用。

## 联合国粮农组织奖

**联合国粮农组织布尔马奖**

该奖设立于 1975 年，以联合国粮农组织前总干事阿代克·布尔马的姓氏命名，用来纪念他对粮农事业所做出的贡献。

联合国粮农组织布尔马奖是用来鼓励报道与论述世界粮食问题的优秀文章与著作，获奖人主要为新闻记者和作家，他们的论述涉及世界粮食问题的重要方面，尤其是与发展中国家农业发展有关的问题方面，并在公众中产生了巨大的影响。联合国粮农组织布尔马奖的奖品包括一笔 1 万元的奖金和一张奖状，每 2 年颁发一次。

**爱德华·萨乌马奖**

该奖是联合国粮农组织设立的永久性奖项，每 2 年颁发一次。这个奖授予在执行联合国粮农组织技术合作项目中做出突出贡献的一个或两个国家机构。

**色列丝奖**

该奖是联合国粮农组织于 1971 年设立的，它以罗马神话中司管农业的女神的名字命名，旨在表彰在消除饥饿方面做出突出贡献的女性。

**B·R·孙奖**

该奖于 1967 年 11 月在第 14 届联合国粮农组织代表会议上设立。B·R·孙奖以联合国粮农组织总干事 B·R·孙的名字命名，是为了纪念他在联合国粮农组织长期服务，并为发展中国家经济和社会进步所做出的杰出贡献。设立该奖主要是为了激励人们继续献身这一事业，为战胜第三世界国家的饥饿和贫困努力奋斗。

B·R·孙奖主要授予联合国粮农组织的官员，奖励他们在被选派到指定的国家和地区工作期间所做出的杰出贡献。获奖成就经过严格的鉴别与评审，内容主要包括农业、渔业、林业方面的技术创新，社会事业或管理方面的改进，在研究和调查后对新资源的发现，建立培训和研究机构等联合国粮食组织和世界粮食计划所指定的各项任务。

B·R·孙奖每年评一次，并在每2年一次的联合国粮食组织成员国大会上举行专门仪式集中颁奖。奖品包括一枚刻有获奖者姓名的奖章、一本记载获奖者成就的纪念册和一笔2000美元的奖金，并为获奖者夫妇提供去罗马往返差旅费。B·R·孙奖对联合国粮农组织和世界粮食计划的所有官员开放，但他们在颁奖的年份必须一直在职，并至少在指定地区连续工作2年以上。

### 小资料：联合国粮农组织

联合国粮农组织于1943年10月成立，1946年12月成为联合国第一个专门机构，总部设在罗马。组织机构有大会、理事会和秘书处。秘书处是大会、理事会的执行机构，总干事就是秘书处的负责人。这一组织的宗旨是提高人民的营养和生活水平；增加世界粮食和其他农产品的生产；改善农村人口状况；促进世界经济的发展；免除人民的饥饿。粮农组织成员有183个国家或地区。中国是粮农组织创始国之一。1971年11月粮农组织理事会第57届会议通过决议，恢复中国的合法席位和活动。1973年中国代表团出席了第17届粮食大会，并当选为理事国。

# 第六节　世界著名的地理、气象、航空航天和无线电奖项

## 巴克奖

巴克奖设立于1882年，是依靠根据北极探险家和航海家、第一枚皇家地理学会奠基者奖章得主阿德米拉尔爵士乔治·巴克的遗赠而建立起来的基金进行运转的。英国皇家地理学会负责颁发该奖项，奖项也以阿德米拉尔爵士乔治·巴克的姓氏命名。该奖项主要授予那些在科学地理学方面获得杰出成就者和发现者，也可以用来资助那些积极从事发现与探险活动的科学研究人员。

巴克奖在一般情况下每年都颁发一次，但如果某一年没有十分合适的人选，也可以不颁发该奖项。颁奖典礼一般都会安排在每年6月份的皇家地理学会年会上进行。巴克奖的奖品也不是一成不变的，有时候发给获奖者一笔奖金，有时候则是一些测量仪器或者书。

巴克奖的推荐与评选工作都由一个专门成立的委员会负责，评选过程以获奖者的学术及其他方面的成就为标准。巴克奖对候选人和获奖者的国籍、居住地、职业、年龄等都没有做出任何限制，只要在授奖领域内做出了杰出的贡献，就有可能获得巴克奖。同时值得注意的是，巴克奖的候选人不接受个人的申请，只能由推荐的方式产生。

## 国际大地测量协会盖伊·邦福德奖

国际大地测量协会盖伊·邦福德奖设立于1975年，由英国皇家学会的英国大地测量学与地球物理全国委员会和国际大地测

量协会共同设立。为纪念国际大地测量协会前主席、英国大地测量学与地球物理学全国委员会主席盖伊·邦福德对大地测量事业所做的杰出贡献，该奖项以其姓氏命名。

该奖项自1975年设立以来，每4年颁发一次，颁奖仪式设在4年一次的国际大地测量协会的大会上进行。设立该奖项的目的主要是为了奖励那些在大地测量学领域中取得杰出成就的人士，并且规定候选人和最终的获奖者必须是40岁以下的人。

国际大地测量学协会在1982年成立于德国的波茨坦，主要从事包括控制调查、卫星技术、重力测定、理论与评价、物理解释等在内的各个领域的活动。国际大地测量协会是国际大地测量与地球物理联合会的七个下属协会之一，经费也是由联合会负责提供。中国于1977年参加国际大地测量与地球物理联合会，此后多次派人参加联合会及下属协会举办的各种学术活动。

## 极地奖章

极地奖章是英国的一项皇家奖，其前身是1857年维多利亚女王设立的北极发现者奖，由英国国王爱德华七世于1909年设立为极地奖章，以奖励那些在探险、考察方面做出卓越贡献的个人和在增进极地区域的知识有杰出成就，以及在极地探险中经历了极地区域陆地、海洋、大气的险恶环境而出生入死的探险者。

极地奖章最初是用来奖励专业探险队集体功绩的，1968年王室将这一奖章改为授予对两极地区考察做出突出贡献的个人。获奖者都是在两极地区探险、考察和研究工作中获得杰出成就，在两极地区险恶的陆地、海洋、大气等环境中历尽艰难困苦的探险者。只有由英联邦国家一个或多个政府组织的探险队的队员才有获奖资格。极地奖章呈八角形，并且是银质的，奖章的正面是英国国王的雕像，背面则是发现号桅船雕像。英国海军部负责该奖章的颁发事宜，获奖者由英国国王在专门的授奖仪式上颁奖。

## 国际气象组织奖

国际气象组织奖设立于1955年，是由世界气象组织在第2次世界气象大会上设立的，之后每年颁发一次。国际气象组织奖是世界气象组织的最高奖项，也是国际气象界的最高荣誉，有“气象诺贝尔”之美誉，授予在气象科研、业务、服务和国际气象合作中做出过突出贡献的人。设立该奖的目的是为了奖励气象学领域的杰出研究成果。

国际气象组织奖对候选人和最终获奖者的国籍、居住地、年龄等都没有作任何限制，但必须经过世界气象组织成员的推荐而不接受自我推荐。候选人的名单和材料以密件形式寄往世界气象组织秘书处，一般由各国外交部长提交，推荐材料包括有关候选人资格和特长的说明以及候选人简历和出版物目录。每个会员国提交的候选人不得超出3人。评审工作由世界气象组织执行委员会负责。评选时既要考虑获奖项目的科学价值，又要考虑这一成果对世界气象组织的贡献。最终获奖者可得一笔1200美元的奖金、一枚金质奖章和一张奖状。

世界气象组织是联合国专门机构，创立于1951年，总部设在日内瓦，其前身是1873年创立的国际气象组织。世界气象组织的宗旨是促进气象领域的国际合作、鼓励并协调对气象及有关领域内的研究和培训等，现有185个成员国和地区，1972年2月世界气象组织恢复了中国的合法席位。1975年中国被选为执委会委员。

除了国际气象组织奖外，世界气象组织还设立有世界气象组织青年科学家研究奖、微尔哈·伏尔萨拉奖、诺贝尔·热尔贝—默姆奖。

## 国际航空联合会奖

我们这里主要介绍两种由国际航空联合会颁发的奖项，即国际航空联合会航空金质奖章和国际航空联合会林塔尔奖章。

国际航空联合会航空金质奖章创立于1925年，是国际航空联合会的最高奖项，每年颁发一次，以奖励那些一心致力于航空事业，并且通过自己的活动、工作对航空发展做出杰出贡献的人。该奖的候选人必须经过国际航空联合会现任会员推荐，每个国家的会员都从与自己同一国籍的人中提名，而不可以自我推荐。航空金质奖章不仅可以生前授予，也可以死后追赠。

国际航空联合会林塔尔奖章设立于1938年，是为纪念德国航空界的先驱奥托·利林塔尔而设立的，每年颁发一次。

设立该奖的目的主要是为了表彰在飞机滑翔运动中具有突出业绩的飞行员，因此该奖章也主要授予在颁奖前一年打破国际记录、进行开创性飞行的滑翔飞行员，或者授予那些长期致力于滑翔运动，业绩显著，至颁奖时仍一直积极进行滑翔飞行的飞行员。候选人由国际航空联合会现任会员提名。

利林塔尔是德国航空界的先驱，他完成了人类第一次滑翔飞行的壮举，著有《鸟飞翔是飞行技术基础》等书。著名的莱特兄弟就是在他研究与飞行的基础上，发明了世界上第一架动力飞机，并飞行试验成功的。

国际航空联合会设立于1959年9月，其总部设在日内瓦，它是航空界的一个非政府性、非营利性的国际性学术组织，被联合国外层空间委员会聘为咨询机构。1980年9月26日在东京举行的第31届会议上，正式接纳中国为国际航空联合会成员。

国际航空联合会设有至少二十多个奖项，很多都以国际航空界著名人士的姓氏命名，这其中包括阿方斯·佩瑙德奖、保罗·蒂桑迪尔奖状、查尔斯·林白奖状、德·拉·沃尔克斯奖章、蜂鸟奖状、凤凰奖状、亨利·米涅奖状、滑翔奖状、加加林金质奖章等。

## 国际民用航空组织爱德华·沃纳奖

国际民用航空组织爱德华·沃纳奖由国际民用航空组织理事会设立于 1958 年，是为了纪念美国民用航空事业的先驱人物、航空工程教育家爱德华·沃纳博士而设立的，该奖项也是国际民用航空领域里影响力较大的一个奖项。该奖项每年颁发一次，授予为实现该组织的宗旨而做出杰出贡献的个人或机构。候选人由各国提名，然后由国际民用航空组织的一个专门委员会选举决定，获奖者将得到一枚金质奖章和一份证书。

为发展国际航空理论与技术，促进国际航空运输业的发展，确保国际民用航空的安全和有秩序的发展，促进航空公司、机场和国际民航航空设备的发展等，国际民用航空组织于 1947 年 4 月 4 日成立。

## 美国航空航天学会奖

美国航空航天学会每年都要颁发出 20 种奖金，金额从 500 美元～10000 美元不等，以奖励那些在科学技术上具有突出成绩的个人。这里我们主要介绍美国航空航天学会颁发的 2 个奖项，即空间通信奖和空间科学奖。

美国航空航天学会空间通信奖由美国航空航天学会于 1967 年设立，主要授予那些在空间通信领域做出重大贡献的人，每两年颁发一次，均在卫星系统会议上颁发。空间通信奖所涉及的领域十分广泛，不仅包括地球上各点之间的卫星通信，而且包括地球轨道上或星际航行中宇宙飞船之间的通信，包括宇宙飞船与飞机之间的通信。

美国航空航天学会空间科学奖由美国航空与航天学会于1961年设立，用以奖励航空航天领域取得的杰出成就，包括在天体大气物理学或在空间存在的物质、场和动力与能量传输过程的学术研究中取得的卓越成就，以及利用航空器进行的开拓性试验与探索。空间科学奖每年评选颁发一次，颁奖仪式设在每年召开的航天科学会议上进行，获奖者将得到奖章与奖状。

**国际无线电科学协会奖**

国际无线电科学协会，又称为国际无线电报科学委员会，1913年在布鲁塞尔成立。这个协会的成立主要是为了促进无线电科学研究工作的国际合作，推进研究成果的科学讨论与出版，促进测量方法与科学测量仪器的标准化等。国际无线电科学协会下设无线电测量与标准、射电与非离子、电离层、电磁层、射电天文学、无线电波与电路、太阳地球物理学、空间研究8个常设委员会。协会每3年召开一次大会。

国际无线电科学协会为了奖励那些对国际无线电事业做出贡献的人，设立了很多奖项，我们在这里向大家介绍其中的两个，即巴尔塔扎尔·范德尔·玻尔金质奖章和约翰·霍华德·德林杰金质奖章。

巴尔塔扎尔·范德尔·玻尔金质奖章设立于1963年，为纪念国际无线电科学协会前主席巴尔塔扎尔·范德尔·玻尔教授，该奖项以其名字命名。巴尔塔扎尔·范德尔·玻尔金质奖章主要授予那些在无线电科学领域内做出巨大贡献的人，并且规定获奖人的成就必须是在颁奖前的6年内做出的。该奖每3年颁发一次，颁奖仪式在国际无线电科学协会大会上进行，获奖者将得到一枚刻有巴尔塔扎尔·范德尔·玻尔教授的雕像的奖章。

约翰·霍华德·德林杰金质奖章设立于1966年，由国际无线电科学协会美国成员国主办并管理。为纪念国际无线电科学协会名誉主席约翰·霍华德·德林杰，该奖项以其名字命名。和巴尔塔扎尔·范德尔·玻尔金质奖章一样，该奖每3年颁发一次，并且在国际无线电科学协会3年一度的大会上进行颁奖仪式。该奖也是用来表彰和奖励无线电科学领域的杰出成就，而且获奖人的成就也必须是在颁奖前6年内完成的，但授奖的范围侧重于无线电电波方面。

## 第七节 世界其他著名科学奖项

### 波尔国际金质奖章

波尔国际金质奖章是为纪念丹麦著名的物理学家尼尔斯·波尔对原子物理学领域的杰出贡献，由丹麦工程学会在尼尔斯·波尔70寿辰之际，即在1955年设立的，并且奖章以尼尔斯·波尔的姓氏命名。

波尔国际金质奖章每3年颁发一次，用于奖励那些在和平利用原子能方面做出突出贡献的工程师和物理学家。该奖章对获奖者的国籍、居住地、年龄等没有任何限制，只要是在和平利用原子能方面做出成绩和贡献的人都有可能获得该奖章。而事实上，获得波尔国际金质奖章的也往往是一些国际上著名的物理学家，很多更是诺贝尔物理学奖的获得者。如1961年波尔国际金质奖得主匈牙利化学家赫维西，是研究同位素示踪技术的先驱，1943年曾获诺贝尔化学奖；1967年获奖的美国物理学家拉比，发明了分子束磁共振法，对测定原子核的磁性，研究分子和原子的精细结构和超精细结构做出了重大贡献，因而于1944年获诺贝尔物理学奖；1973年获奖的美国物理学家费因曼因对电子电动力学做出的巨大贡献，曾于 1965 年获得过诺贝尔物理学奖。

波尔是丹麦著名的物理学家，1885 年出生于哥本哈根，1941 年从哥本哈根大学毕业，获博士学位。1961 年任哥本哈根大学理论物理学教授，1962 年起担任哥本哈根大学理论物理研究所所长。波尔是英国皇家学会会员、法国科学院院士以及欧洲许多学术团体成员，还曾任丹麦皇家科学院院长和原子能委员会主席，他也是哥本哈根学派的领袖，同时也是量子力学创始人之一。波尔把经典力学和量子理论结合起来，从而引起原子理论的革命，对量子力学的建立起了重要作用，因此他在 1922 年获得了诺贝尔物理学奖，此外，波尔还获得了第一次原子能和平利用奖金，丹麦科学院金质奖章等。

## 布朗奖和奖章

布朗奖和奖章是一项以英国皇家学会名义颁发的奖励，由英国皇家学会于 1963 年设立，其基金是根据英国皇家学会会员 S·G·布朗的捐赠而成立的，因而该奖项也以他的姓氏命名。这一基金的收益除了制作奖章外，其他部分均作为奖金发给获奖者。

布朗奖和奖章自 1963 年设立以来每年颁发一次，主要授予那些为促进和发展机械方面发明做出突出贡献的个人。关于获奖者的年龄问题，布朗奖和奖章规定 40 岁以下的人士，不管他的成果是哪年完成的，都有优先获奖资格，已到 40 岁但申报成果是在最近 5 年间完成的，也有优先获奖资格。

布朗奖和奖章不接受个人申请，候选人必须由土木工程师协会、机械工程师协会和电气工程师协会的理事会轮流推荐而产生。

## 法国全国科研中心科研奖章

法国全国科研中心科研奖章创立于1937年，但因为1939年第一次世界大战的爆发而一直没有实施，一直到了1954年12月9日法国科研中心行政管理委员会才恢复了这一制度，正式设立法国全国科研中心科研奖章。

法国全国科研中心科研奖章每年颁发一次，分别授予以各种方式为提高法国科学研究声望而做出贡献的人士，获奖者或者以先进水平的科研工作、或者以具有国际声望的科学活动赢得这一荣誉。奖章又可以具体分为金质奖章、银质奖章、铜质奖章三种，其中金质奖章每年只颁发一枚，授予法国各科学领域中做出特别重要贡献的人；银质奖章每年颁发10枚左右，授予完成博士论文后，在科研工作中取得杰出成就的人；铜质奖章每年颁发24枚，主要用以奖励当年的最佳论文与著作。

值得一提的是，法国全国科研中心科研奖章只是一种荣誉奖，没有任何物质奖励，但由于该奖项由法国全国科研中心这样权威的机构颁奖，因而在法国具有非常高的学术声望。

法国全国科研中心是法国最大的科研机构，其研究领域包括自然科学、人文科学和社会科学等各个方面。

## 科普利奖章

科普利奖章是一项历史非常久远的科学奖，它是英国皇家学会颁发的最古老的科学奖之一，同时也是代表英国皇家学会最高荣誉的奖项。科普利奖章由英国皇家学会设立于1731年，其基金来源于英国皇家学会高级会员戈弗里·科普利爵士的遗赠，为了纪念和感谢戈弗里·科普利爵士，该奖章以戈弗里·科普利爵士的姓氏命名。

科普利奖章每年颁发一次，授予自然科学研究领域杰出论文的作者。研究的主题由英国皇家学会指定，同时这些论著必须是已经发表的，或者是向英国皇家学会通报过的。评选工作由英国皇家学会理事会负责。为保证评选过程的公正性，获奖项目需经皇家学会理事会评定，学会现任理事不能是科普利奖章的获奖候选人。

科普利奖章对候选人和最终获奖者的国籍、种族等没有任何限制，对获奖项目完成的时间也没有任何限制，并且也没有获奖次数的限制。但是该奖章只授予在世的学者，死后不予追赠。获得科普利奖章的人都将得到一枚镀金银质奖章，同时还奖给100英镑的一笔奖金，但从1957年开始，科普利奖章与约翰·贾菲奖合并，而约翰·贾菲奖的奖金金额为1000英镑，因此获得科普利奖章的人将得到一笔1100英镑的奖金，但如果获得科普利奖章的人已经获得过诺贝尔奖，那么获奖人仍只能得到100英镑的奖金。

科普利奖章在英国乃至国际上具有很大的影响力，许多科学家以获得一枚科普利奖章为其毕生奋斗的目标，而获得该奖章的人也往往是科学界的重量级人物。如第1枚科普利奖章的获得者S·格雷是电学研究的先驱，在国际上具有十分强的影响力，另外著名科学家T·H·赫胥黎（达尔文进化论的主要支持者）的孙子安德鲁·赫胥黎、F·桑格博士（曾两次获得诺贝尔奖）、D·霍奇金教授和F·H·C·克里克博士等都获得过科普利奖章。

## 克拉福德奖

克拉福德奖是一项世界科学大奖，由瑞典皇家科学院于1980年设立，其基金来源于安娜·格里塔和霍尔格·克拉福德的捐赠。大家都知道，诺贝尔是世界上最权威、影响力最大的一个奖项，但其所包含的自然科学领域极其有限，仅物理学、化学、生理学和医学（1969 年开始颁发的经济学奖也可以部分认为属于此列），而对于自然科学非常重要的数学、地球科学、天文学等都没有被包含在内。为了弥补这个缺陷，设立了克拉福德奖，其授奖范围是诺贝尔奖没有涵盖的科学领域。

克拉福德奖每年颁发一次，授奖领域包括数学、地球科学、天文学和生物科学（特别是和生态、进化有关的生物学）等各个领域，此外还有多发性关节炎方面的研究工作（之所以会对关节炎领域的成就颁奖，有可能是因为霍尔格·克拉福德一直忍受着严重的类风湿性关节炎的折磨，所以对关节炎领域的成就特别加以关注）。克拉福德奖每年只奖励其中的一个学科的杰出成就，对于关节炎领域，只有在一个特别委员会证明这个领域的进展已值得颁发时，奖金才会授予。颁奖典礼一般安排在每年 9 月份的“克拉福德日”举行，获奖者被授予奖金和证书。同时，与诺贝尔奖类似，获奖者被要求进行一次公众演讲，这种演讲又称“克拉福德演讲”。瑞典科学院还将组织一次国际性科学讨论，讨论的主题来自与当年所选择的授奖学科。

由于克拉福德奖设立的初衷就是弥补诺贝尔奖的不足，因此除了颁发学科不同外，其他各个方面都有许多相似。除了上面提及的以外，还有奖金的评定和颁发由瑞典皇家科学院进行，颁奖典礼仪式中由国王亲自为获奖者授奖等。

## 联合国教科文组织奖

联合国教科文组织成立于 1945 年 11 月 16 日，总部设在巴黎。成立该国际组织的目的是为了促进各国间教育、科学的合作，为世界和平与安全做出贡献。联合国教科文组织的主要活动包括召开各种专业和专门会议，开展国际交流与合作，为会员国提供咨询、培训等。联合国教科文组织的工作分教育、自然科学、社会科学、文化和交流几个方面。截止到 1999 年 10 月 19 日，共有 188 个会员国。中国是教科文组织创始国之一。根据 1971 年 10 月 29 日教科文组织执行局第 88 届会议通过的决议，中华人民共和国政府为中国在该组织中的唯一合法代表，1972 年 10 月中国派代表团出席了第 17 届大会。1975 年中国向教科文组织派出常驻代表团。

为了表彰一些对国际教育和文化事业做出突出贡献的人，联合国教科文组织设立了 6 个奖项，即卡林加奖金（羯陵伽普及科学奖)、卡洛斯·J·芬利奖、联合国教科文组织科学奖、贾乌德·侯赛因青年科学家奖、“人工大河”国际水奖和卡布斯苏丹环境保护奖。

联合国教科文组织卡林加奖金由印度工业家帕特奈克在 1951 年创立，以公元前 2 世纪印度皇帝卡林加（又译羯陵伽）的名字命名，用来纪念他反对战争，热心于科学、文化和教育事业的品德，同时也代表了这一奖励所推崇的一种精神。

联合国教科文组织卡林加奖金主要用于奖励在向大众普及科学知识方面做出突出成绩的人，对获奖人的国籍、居住地、年龄等没有任何限制，凡热心并积极从事这一事业的人士都有获奖资格。候选人由联合国教科文组织成员国委员会提名，然后由联合国教科文组织负责评审与颁奖。联合国教科文组织卡林加奖金每年颁发一次，奖品包括 1000 英镑的奖金、一枚艾伯特·爱因斯坦奖章和一张奖状。

联合国教科文组织卡洛斯·J·芬利奖主要奖励在微生物领域做出杰出贡献的科学家，每 2 年颁发一次，获奖者将得到一笔 5000 美元的奖金。

联合国教科文组织科学奖主要奖励那些通过科学研究推进发

展中国家或地区科技进步的个人或集体，每 2 年颁发一次，奖金为 1.5 万美元。

贾乌德·侯赛因青年科学家奖被认为是国际上表彰青年科学家的最高奖，于 1984 年创立，每两年评选一次，基金来源于印度物理学家贾乌德·侯赛因博士的捐赠。获奖者将得到一笔 8500 美元的奖金、奖章与证书，主要授予在基础研究或应用研究领域有杰出成就的 36 岁以下的科学家。获奖的论著或专利应该对科学研究的进步具有较大的影响，而且参选项目的主题不能是武器或其他军事设计方面的研究。另外，为了保证评选的公正性，贾乌德.侯赛因青年科学家奖不能授予评奖委员会成员。其提名依靠成员国政府、政府间组织、或与联合国教科文组织有正式关系的国际非政府组织进行。

“人工大河”国际水奖是最新设立的奖项，由利比亚资助，奖金为 2 万美元，计划每两年颁发一次，奖励在地下水开发和地上水使用研究方面有所作为的个人和团体。

卡布斯苏丹环境保护奖每两年评选一次，奖金为 2 万美元。

## 美国国家技术奖

美国国家技术奖，又叫“美国总统技术奖章”，由美国国会于 1980 年设立，1985 年首次颁奖；由美国商务部主办，美国总统颁发，是目前美国最高的技术奖。该奖每年颁发一次，每年的获奖人数不超过 10 名。

美国国家技术奖主要授予那些具有美国式创新精神，并在提升国家的全球竞争力方面有着杰出表现的个人与集体，以表彰其在促进技术商用化、提高就业率、改善生产力水平以及刺激国家经济成长和发展方面取得的突破性贡献。授奖人由推荐产生，评选工作由美国商务部承担，该部“生产效率、技术创新与技术项目奖励办公室”负责具体工作。评选出的结果上报美国国会后，由美国总统最后作出决定。

截至 2005 年 10 月 22 日，已有 135 位美国公民和 12 家美国公司获得这一荣誉。摩托罗拉、宝洁、IBM 等美国公司以及因特网的发明者鲍伯·麦特卡菲、微软董事长比尔·盖茨、苹果电脑公司创始人史蒂夫·乔布斯等都榜上有名。获奖者不能得到一分钱的奖金，除了得到一块铜制奖牌外，唯一的“实惠”就是能在白宫与总统握手合影，但获奖者都会获得极高荣誉。

## 美国国家科学奖章

美国国家科学奖章是美国的最高科学奖，被称为“美国的诺贝尔奖”，由美国国会于 1959 年设立，1962 年首次颁奖，由总统在白宫椭圆形办公室亲自为获奖者颁奖。美国国家科学奖评选的唯一标准是获奖人的学术水平，获奖者一般是美国某一领域具有重要影响的科学家。

美国国家科学奖章每年评选颁发一次，每届获奖者不能超过 20 名，主要授予在物理学、化学、生物学、数学、工程科学、行为科学及社会科学方面做出卓越贡献的科学家。获奖候选人由包括美国国家科学院和美国其他的国家科学与工程机构等在内的机构推荐产生，特别鼓励推荐那些年轻有为的科学家。美国国家科学奖章的评选委员会由总统委任的 12 位科学家和美国国家科学院院士组成，负责对推荐出的候选人进行评选，然后将评选结果上报美国国会，但结果则由美国总统最后决定。截至 2005 年 3 月 14 日，已有 417 名科学家获此殊荣。该奖秉承宁缺毋滥的原则，在 1962 年到 2002 年间共有 6 年出现空缺。陈省身、吴健雄、朱经武、丘成桐、冯元桢等著名华裔科学家都是该奖的获得者。和美国国家技术奖一样，该奖的获奖者没有任何奖金，但它却代表着至高无上的荣誉。

## 美国科学促进会奖

美国科学促进会创建于1848年，是一个综合性的学术团体，下设21个专业分会，涉及的学科不仅包括数学、物理、化学、天文、地理、生物等自然科学，还包括社会科学。美国科学促进会设有很多奖项，这里主要介绍其中的3个，即海洋科学罗森斯塔尔奖、纽科姆·克利夫兰奖和威斯汀豪斯科学著作奖。

美国科学促进会——海洋科学罗森斯塔尔奖是美国科学促进会所设立的众多奖项中最为重要的一个，由罗森斯塔尔基金会于1975年设立的，基金来源于迈阿密大学海洋和大气科学罗森斯塔尔学会的捐赠。该奖项每年评选颁发一次，主要授予那些在海洋科学研究中做出杰出成就的人。奖项所涵盖的学科包括海洋工程和大气科学各个有关方面；另外还包括水柱和大气的物理学、化学，海底地质学、物理学和化学，生物学和生物资源。海洋科学罗森斯塔尔奖每年就在这几个学科之间轮流颁发。获奖者将得到一笔5000美元的奖金和一份证书。

美国科学促进会纽科姆·克利夫兰奖设立于1923年，是美国科学促进会所设立的奖项中最早颁发的一项奖励，其基金来源于美国纽科姆·克利夫兰的捐赠。最开始，这一奖项的名称是美国科学促进会千元奖，后来又改称美国协会奖。1951年纽科姆·克利夫兰去世后，为了纪念他，奖项名称改为纽科姆·克利夫兰奖。纽科姆·克利夫兰奖每年评选颁发一次，以奖励上一年度的优秀论文作者。评选论文出自美国一本名为《科学》的杂志，并刊登在其中的“报告”一栏中。候选人由广大读者提名，评选工作由6人组成的评选委员会负责。参选论文必须有原始研究数据和综合材料，必须是作者本人的工作，并且还必须是首次发表的。获奖者将得到一笔奖金和一枚铜牌，奖金金额最初为 1000 美元，1975 年增加到 2000 美元，1976 年开始增加到 5000 美元。

美国科学促进协会—威斯汀豪斯科学著作奖由威斯汀豪斯教育基金会设立，每年颁奖一次，授予前一年的自然科学与应用科学各学科（不包括医学）优秀论著的作者。具体来说，威斯汀豪斯科学著作奖可以分为三大类，第一类为普通杂志；第二类为日发行量超过 10000 份的报纸；第三类为发行量少于 10000 份的报纸。三种奖的奖金数额都是 1000 美元。美国科学促进协会自己出版的报纸不在授奖范围内。

## 美国西屋科学天才奖

美国西屋科学天才奖是美国国内比较有影响力的中学生奖，由美国西屋电气服务公司在 1942 年设立，美国西屋电气服务公司负责提供经费，由科学服务社主办。设立该奖的目的是为了发现具有科技创造潜力的美国青年，促进对于这些天才青年的培养与教育，激发美国青年对科学研究技能与知识的兴趣并且提高他们在科学技术方面的能力和水平，同时也加深公众对科学技术在现代文明中所起重要作用的认识。

美国西屋科学天才奖每年举办一次，授奖的学科包括自然科学、行为与社会科学、工程技术、生物、医学等。评选范围限定在美国应届高中毕业生，每位候选人都要提供一份研究报告，而且这项研究必须是候选人单独完成的；此外候选人还要提交由学校和本人填写的包括学生测试成绩的基本情况表及高中学历证书；如果在竞赛中使用了以前参加项目的有关资料，还必须由该项目主管科学家出具证明其研究能力与创造能力的书面材料。美国西屋科学天才奖的评选工作由各学科专家组成的评选委员会及下设的专门小组负责，评选活动首先会从众多的候选人中挑选出

300 名优秀者，再从中筛选出 40 名进行集中面试，并在美国科学院公开展出其科研成果，最后评出前 10 名优胜者进行颁奖。

该奖第一名分 4 年发给奖学金 20000 美元，第二、第三名也分 4 年授予奖学金 15000 美元，其余优胜者每人授予 1000 美元奖金，并向优胜者及其老师颁发奖状。优胜者所在学校还授予优胜者荣誉奖章。

## 日本国家科技奖

日本国家科技奖设立于 1881 年，在日本大政官第 63 号布告中予以公布，并且规定只有已获日本地方或民间奖的人，才有资格申请日本国家科技奖。该奖每年颁发一次，授奖仪式在每年的 4 月份举行。候选人都必须经过地方各都道府县及各省厅推荐，然后报日本科技厅，由科技厅与专利厅共同审查，再由科技厅向内阁总理大臣官房赏勋局报正式名单，最后由内阁会议决定批准获奖者名单。

日本国家科技奖又可以具体分为紫绶奖章、蓝绶奖章和黄绶奖章三种。

紫绶奖章是用来奖励重大的科技发明与研究的奖项。如之前已经获得过紫绶、蓝绶奖章，那么必须满 5 年后才再有资格申请。如果是与他人共同合作的项目，申请紫绶奖章时必须得到合作者的认可。紫绶奖章原则上要求获奖人年龄在 50 岁以上，但对特殊贡献者可以例外。

蓝绶奖章用来奖励在公益事业方面做出卓著贡献的人士，包括在从事国产技术开发中取得杰出成就者；从事管理工作，对科技普及和教育做出贡献者；以及在充实公共研究设施方面取得卓著成绩者。蓝绶奖章要求获奖人从事科技工作 20 年以上。

黄绶奖章的获奖者必须有 30 年以上工龄，年满 50 岁以上，还必须符合下列三个条件之一：第一个条件是必须有 20 年以上科技工作经历，并对促进科技发展做出了杰出贡献；第二个条件是在公共科技振兴组织中任职，并在科普教育方面作出卓越成绩；第三个条件是以前从没有获得过这一奖章，但做出了杰出贡献。

## 威斯汀豪斯奖章

威斯汀豪斯奖章是由美国机械工程师协会颁发的一项奖项，是为纪念美国机械工程师协会第 29 任会长乔治·威斯汀豪斯在发展电力工业方面所做出的巨大贡献而设立的，奖章名称也以乔治·威斯汀豪斯的名字命名。

威斯汀豪斯是美国著名的发明家和工业家，也是最早在美国倡导使用交流输电的人，为此威斯汀豪斯还与爱迪生就交流输电和直流输电展开过一场激烈的争论，最后威斯汀豪斯赢得了争论的胜利，使现在交流输电在输电领域占据了统治地位。威斯汀豪斯还是最先提倡在工程领域实行标准化的人，对工业的发展起了非常重要的作用。

威斯汀豪斯奖章所涵盖的领域包括电力利用、设计、开发、研究等，同时也包括在电力方面的组织工作。奖章又可以分为金质奖章与银质奖章两种，金质奖章由威斯汀豪斯教育基金会设立于 1952 年，银质奖章在 1971 年设立。这两种奖章是用来奖励在机械工程动力学领域中取得杰出成就的科学家的，其中银质奖章用于奖励在授奖年的 6 月 30 日还不到 41 岁的有重大贡献的青年学者。候选人将不受专业与职业的限制，也不仅仅局限于工程学会和团体的成员。

此外，除了威斯汀豪斯奖章，威斯汀豪斯教育基金会还设有一项奖励，即威斯汀豪斯奖金。该奖项设立于 1946 年，每年颁发一次，用于奖励在工程教学领域取得出色成就和做出较大贡献的青年教育工作者。获奖者年纪都应该在 45 岁以下，他们将得到一笔 1000 美元的奖金和一份证书。

为了鼓励青少年的科学发明，威斯汀豪斯电气公司还设立了一项威斯汀豪斯科学天才发明奖，用于奖励有发明天才的青少年，每次奖励 40 名中学生。这项奖项是美国历时最久、规模最大的学生科技竞赛，对激励美国青少年投身于科技发明起了很大作用。

## 英国阿克顿奖

英国的阿克顿奖是汉纳·阿克顿夫人为纪念她的丈夫塞缪尔·阿克顿于 1838 年设立的，由英国皇家学会负责颁发，每 7 年颁发一次，用于奖励某些指定学科的优秀科学论文。学科的指定及论文的评定由英国皇家学会管理者委员会负责。

该奖项具有悠久的历史，在世界上的影响力也十分巨大，获奖者往往都是世界上著名的科学家和研究人员，很多还是诺贝尔奖获得者。如 1949 年因发表《盘尼西林：它的发现、开发与使用》而获阿克顿奖的亚历山大·弗莱明，发明了在世界医学史上具有划时代意义的抗菌素——青霉素，在 1945 年获得了诺贝尔生理学或医学奖；1956 年因发表《射电天文学的研究》而获阿克顿奖的马丁·赖尔，是最早观测非连续性射电特别是太阳活动区的科学家之一，他因在射电天文学方面的卓越成就获得了 1974 年的诺贝尔奖。

## 印度巴特纳加尔科学技术奖

印度巴特纳加尔科学技术奖是由印度国家科学院于 1957 年设立的，印度政府部门负责颁发，并且以印度化学家巴特纳加尔的名字命名。

该奖项每3年颁发一次，用以奖励在数学、物理、化学、生物、工程、医学等各个领域内的杰出成就，每年都会评选出5个领域以上的奖项，每项奖可授予1人，当然也可以由做出同等贡献的两个科学家共享，并且获奖者必须是45岁以下的青年科学家，每位获奖者都将得到一笔20 000卢比的奖金。

为了保证评奖过程的公正性，候选人必须由印度国家科学院院士及当年理事会批准的一些研究机构进行推荐产生，而且要在颁奖前一年的11月15日以前提出每种奖章的候选人名单，同时提供100字左右的文字材料，说明候选人的主要科学成就，作为推荐的依据。评奖委员会成员不能作为获奖候选人。

### 小资料：克拉福德个人生平简介

克拉福德原名伦德奎斯特，1908年7月25日出生于斯德哥尔摩，是家中的独子。父母婚姻比较简短，后来跟他的母亲长大。1927年高中毕业后，他到斯德哥尔摩经济学院继续学习。从童年开始，财政和商业就已经成为这个年轻人每日生活的一部分，因此他对于学习经济得心应手。后来母亲再婚，继父名叫克拉福德，因此他也就改名为克拉福德。

克拉福德在斯德哥尔摩经济学院学习期间，为工业家劳辛所赏识，并在1930年，年仅22岁时作为经济学院最优秀的学生被阿克路德和劳辛公司（简称AR公司）聘用。克拉福德开始了在该公司的多年工作，经过努力，使AR公司后来成为欧洲主要的包装公司。

1939年，年仅31岁的克拉福德被任命为公司的副行政主管，后来升任行政主管。克拉福德富有创造性的个性、丰富的知识和经验、对事物敏锐的预见性、作出决定的勇气、敢于承担责任的风格，再加上他对问题公正和独特的见解，使他成为当时非常有影响力的工业巨子。他也成为 AR 公司的一名共有者，拥有公司25％的股份。

二战以后许多年，由于自主式销售方式的出现，零售食物贸易快速增长，从而导致对包装食品的需求稳步上升，这就意味着对于 AR 公司而言是一个空前的扩张期。在劳辛和行政主管克拉福德的领导下，公司取得了骄人的成绩。

后来由于各方面原因，AR 公司的财政出现了一些困难。1965 年，劳辛和克拉福德一起决定出售股票，谈判由克拉福德进行，最终成功将公司的股份卖掉。克拉福德也被任命为公司董事会成员，后来成为董事会副主席。同时，他用自己的资金开始了另一个计划，从而建立了冈布罗公司。

在一次晚宴上，克拉福德和泌尿学教授讨论起了肾衰竭的问题，并了解到这种疾病可以通过透析（人工将血液中的废物排除）的方法得到控制。这将需要一个容易处理的滤膜，也就是“人工肾”。在当时，慢性肾衰竭会导致死亡，而急性肾衰竭也仅有很短的治疗时间，否则就会转成慢性。

克拉福德立即决定用自己的资金支持这个极度冒险的开发性工作。5 年后，临床试验成功，使 1968 年欧洲大量应用透析器（滤膜）成为可能。20 世纪 70 年代，在德国、美国、意大利、日本等地生产厂家均投入了大规模生产，与此同时销售公司也在迅速增长，德国、瑞士、荷兰、英国、美国、法国、意大利、加拿大、比利时等地都在销售“人工肾”。冈布罗公司除了生产“人工肾”之外，还开发了治疗肾衰竭的复杂的监视设备。同时，冈布罗成为一个快速扩张的高技术公司，在其他医学学科的新产品开发方面也取得了一系列进展。1977 年，是冈布罗公司进入商业生涯的重要阶段，成为当时瑞典的一个重要公司，并于 1983 年在股票交易市场上市。

克拉福德除了基于商业考虑来开发医疗产品外，另一个原因是他一直忍受着严重的类风湿性关节炎的折磨。1982 年 5 月 21 日，一次急性血液中毒夺去了他的生命。

## 小资料：巴特纳加尔其人其事

巴特纳加尔生于 1894 年，1921 年获伦敦大学理学博士学位，之后回印度巴纳拉斯印度大学任化学教授，并创建了物理化学学科。巴特纳加尔在胶体化学、表面化学和光化学等领域做出了重大贡献，1926 年又发展了磁化学领域。二次大战时，印度政府任命他为科学和工业研究所所长。他研制出几项重大的工艺，包括防毒气布、清漆、航空橡胶水、防爆容器等。

巴特纳加尔一生获得过无数的荣誉和奖励。他是英国伦敦化学工业协会名誉会员、副主席，英国皇家学会会员，印度科学代表大会和全国科学院主席；1941年被英印政府封为爵士，1947～1948年期间获得1945年独立日的二级莲花勋章。

巴特纳加尔是印度科学与工业研究理事会和大学补助金委员会的缔造者，并曾担任这两个组织的主席。1947年独立时他对建立国立实验所的巨大工作网做出了重要贡献。1950～1954年，他在国内建立了12个国立实验所，如新德里全国物理研究实验所、浦那国立化学实验所等。

1955年巴特纳加尔博士在新德里逝世。

# 参考书目

[1] 诺贝尔——世界名人传记丛书.浙江少年儿童出版社,2006.

[2] 史树中编著.诺贝尔经济学奖与数学.清华大学出版社,2002.

[3] 赵家业编著.诺贝尔——布老虎传记文库·巨人百传丛书,科学家卷.辽海出版社,1998.

[4] 蔡斯(Chace,R.)著,王玲等译.奥斯卡完全时尚手册[美].译林出版社,2005.

[5] 里尔、何伯雄编著.奥斯卡完全手册.上海画报出版社,2001.

[6] 阿龙编著.篮球的魅力,《激情 NBA 完全手册》.北京邮电大学出版社,2006.

[7] 蔡俊荣主编.球迷世界,NBA 篮球联赛(2003～2004).珠海出版社,2003.

[8] 杨术奎、叶舟编著.NBA 精神——全球突破力标本.地震出版社,2005.

[9] 王景堂编译.瞬间——普利策摄影奖获奖作品 1942～1982.中国摄影出版社,1998.

[10] 李天道主编.普利策新闻奖图语.四川文艺出版社,2006.

[11] 李心灿等编.当代数学精英菲尔兹奖得主及其建树与见解.上海科技教育出版社,2002.

[12] 杰弗·蒂鲍尔斯著,李黎等译.奥运趣史.奥运会上离奇却真实的故事[英].蓝天出版社.2006.

[13] 加里·麦科德著.张萍,杨青译.高尔夫(第 2 版)[美].机械工业出版社,2004.

[14] 施诺编.伟大的高尔夫运动手册. 新星出版社,2005.
[15] 吴兆祥、张勇、刘全 编著.乒乓球羽毛球网球(大学体育系列教材). 安徽大学出版社,2005.
[16] 曾丹平等主编.大众足球. 中国水利水电出版社,2004.
[17] 奥斯卡的历史变迁.来源于海南日报,2005—2—28.
[18] 艾美奖.精确的建构. 来源于《南方周末》,2001—11—14.
[10] 格莱美之最.来源于《通俗歌曲》杂志.
[20] 辛华.英国流行音乐大奖揭晓(环球博览).来源于《人民日报(海外版)》,2004—09—09 第 3 版.
[21] 王伟.NBA 赛制评析.南京体育学院学报(社会科学版)2004Vol.18No.5P.99.
[22] 趣说英国公开赛. 来源于《华人高尔夫周刊》,2005 (6)B2/文化.
[23]《高尔夫球的温布尔登——英国公开赛》.来源于体育参考.
[24] 网中的劳伦斯极速的劳伦斯.来源于体育周报,2006—05—25.
[25] 余中先.龚古尔文学奖的 100 年.来源于中国网,2003—11—09.
[26] 李佳.普利兹克奖,谁为你折腰? 来源于中华建筑报,2006—04—27.